劇場安全

于復華 著

文史哲學集成
文史哲出版社印行

國家圖書館出版品預行編目資料

劇場安全/ 于復華著. -- 初版--臺北市：文史
哲，民 101.01
　　頁;公分（文史哲學集成；611）

ISBN 978-986-314-001-6（平裝）

1.劇場 2.設備管理 3.公共安全

981.1　　　　　　　　　　　　100027409

文史哲學集成　611

劇 場 安 全

著　　　者：于　　　復　　　華
出 版 者：文 史 哲 出 版 社
http://www.lapen.com.tw
e-mail：lapen@ms74.hinet.net
登記證字號：行政院新聞局版臺業字五三三七號
發 行 人：彭　　　正　　　雄
發 行 所：文 史 哲 出 版 社
印 刷 者：文 史 哲 出 版 社
臺北市羅斯福路一段七十二巷四號
郵政劃撥帳號：一六一八〇一七五
電話886-2-23511028・傳真886-2-23965656

實價新臺幣二二〇元

民國 101 年（2012）一 月 初　　　版
民國 101 年（2012）二 月 初 版 二 刷

自　序

　　民國九十三年三月國立中正文化中心改制為行政法人，由於工作職務的調整，自己擔任督勤小組召集人工作，這個工作最重要的目的，能夠預先找到可能發生的劇場危機，然後事先加以防範，避免造成財物損失或人員受傷，其次也要發現兩廳院一些需要改善的問題，希望國家戲劇院及國家音樂廳是個美麗又安全的藝文場所，自己每天早上巡視兩廳院，用相機記錄自己看到的缺失問題，並將資料傳給相關的業務同仁，請其加以改善，例如生活廣場的旗幟斷裂、劇場貓道的門未鎖、逃生安全梯內堆積雜物等各類的問題，同時也蒐集劇場安全的相關資訊提供給同仁參考，包含埃及劇院因點蠟燭燃燒佈景引發劇場大火、台北國軍文藝活動中心因燈光與布幕過近引發火災等，希望兩廳院不要再犯同樣的錯誤。多年工作下來也累積許多的資料，由於劇場安全方面的問題，常因為一個小小的疏忽，造成難以彌補的損失，特別是生命，在台灣的劇場工作者周凱、鄭仁博都因為在高處調燈，一個疏忽就付出寶貴的生命，至於受傷事件也時有所聞，目前國內劇場安全方面書籍及資訊比較缺乏，因此利用公務之餘，將蒐集的資料及自我工作經驗彙集成書，希望提

供劇場工作者工作的參考。

　　劇場意外事件可能對觀眾、劇場演出及工作人員、遊客造成傷害，而其發生原因來自於機械的故障、人爲不小心或是難以防止的意外，要減少危機發生就必須有計畫、有方法及有訓練，雖然無法達到百分之百的安全，但藉靠保險仍然能彌補可能帶來的損失。全書分爲四章，第一章爲劇場的危機事件，列出過去國內外曾經發生的劇場意外事件，並探討發生意外的原因，第二章爲維護劇場安全的方法，提出包含設置督勤制度、設備的巡檢及正常運作維護、危險狀況的預先防範及演練等方法，第三章爲劇場保險，列出劇場應有的保險，建議劇場、演出團體及劇場工作人員應該擁有的保險，以減少損失，第四章爲結論，對於如何維護劇場安全及發生意外事件如何處理都有完整的分析，期待藉靠本書讓台灣的各個劇場都能美麗又安全，悲劇的事件不再發生。

劇 場 安 全

目　　次

第一章　劇場的危險意外事件

第一節　觀眾的危險意外事件

在劇場中活動人數最多的就是觀眾，從觀眾進入劇場至欣賞節目後離開，都有可能因某種原因受到傷害，下列事件都是曾經發生的案例：

一、觀眾席內樓梯摔傷：由於觀眾席通常會分樓層，加上各樓層為了給觀眾更好的視野，因此必然有許多階梯，而樓梯容易造成危險，國家音樂廳就曾發生一位觀眾在四樓觀眾席爬階梯前往座位時不小心掉落造成腿部骨折。而演奏廳的觀眾也曾於下樓梯時跌倒扭傷腳踝，經護士緊急處理包紮冰敷並無大礙。

檢討事件原因在於陡峭的階梯攀爬對於年記稍長的人本就不易，加上也無扶手及觀眾不小心，就發生遺憾事件，由於在建築硬體上無法改善，因此只有請服務同仁提醒上下階梯的觀眾多加小心。

二、劇場公共空間受傷：觀眾搭公共運輸工具下車後至劇場入口前，公共空間許多設備也會造成觀眾受傷，國家戲

劇院福華餐廳前的階梯，就有觀眾因照明不夠而跌倒，造成腳踝扭傷；也有一名觀眾經過大中至正門時被拒馬鐵鍊絆倒，致顏面受創。

檢討事件原因在於觀眾並不熟悉劇場公共空間，加上夜間或照明不足等因素容易造成受傷事件，因此台階或鍊條都必須加裝反光貼紙，並加強照明。

三、舞台飄落物品傷及觀眾：舞台上演出人員與觀眾互動演出型式經常出現，某場音樂會為製造特殊效果，演出人員噴出有軟糖的小型降落傘到觀眾席，因其中一付傘未張開掉在觀眾臉上，造成眼鏡掉落地面破損。

檢討事件原因在於與觀眾互動時必須考慮觀眾的安全，尤其拋東西向觀眾席時，有些觀眾並沒有特別留意舞台進行狀況，以致發生意外事件，所以未經排練與觀眾互動事件有其風險性。

四、觀眾席設備傷及觀眾：有一場國家音樂廳音樂會在進行中，突然後方的吸音板倒下，打到觀眾頭部，護士給予冰敷，幸無大礙。而國家戲劇院演出兒童劇時，一位兒童在椅子上跳躍，不小心滑下遭椅背在其頭部劃下傷口，頓時頭部流血送醫急救。

檢討本事件，觀眾席內設備應該定時檢查，如果發生螺絲鬆脫情形可預先鎖緊，同時對兒童觀眾必須播音提醒可能發生的危險，包含不要在大廳及樓梯奔跑、不要攀爬欄杆，並告知家長或老師注意兒童的安全，同時要增加服務人力加強巡視，以避免兒童受傷。

五、觀眾遇火災死傷：2005 年 9 月 5 日埃及首都南方貝尼蘇夫鎮劇院大火，造成 32 死 37 傷事件，主要因為演員手上的蠟燭燒到布幕所引起，火勢迅速蔓延，加上佈景多是易燃物，帶來大量濃煙，據信許多死者在混亂過程中被踩死。[1]

檢討本事件，顯現舞台上佈景必須為防火材料之重要性，如果經費困難佈景無法作防火處理，至少也應有緊急應變的措施，包含增加滅火器的數量及可以參與緊急滅火的人員安排，如果該劇院有隔離觀眾席及舞台之防火門，相信死傷情形也不會如此嚴重。

六、觀眾遭挾持：2002 年 10 月 23 日俄國莫斯科杜夫羅夫卡劇院遭 40 名車臣武裝份子持槍闖入，挾持 850 看音樂劇的觀眾，要求俄國解除對車臣武裝控制，經過四天對峙，俄國政府以毒氣進攻劇院，有 39 名武裝份子遭擊斃，但也有 129 位觀眾在此次攻擊中喪生。[2]

檢討本事件，觀眾遭挾持的事件非常特殊，如果劇院本身沒有做過反恐演練，對於此突發事件也很難應變。

七、炸彈謊報：台北某大學於其劇場辦理暑假劇場研習班成果展演時，遭人謊報劇場內有炸彈，警察趕到現場，於是疏散所有觀眾並封鎖劇場檢查，經過 24 個小時後發現並無炸彈，才重新進入劇場。

檢討本事件發生可能只是開玩笑，但基於觀眾安全，通

---

1 摘自 94.09.07 自由時報 A8 版。
2 摘自 91.10.24 自由時報 A8 版。

報警方並進行安檢是正確的作法，如果真有炸彈，其造成的傷害是非常巨大的。

　　八、觀眾車輛及物品遭竊：一位開賓士車觀眾前來國家音樂廳欣賞節目，車輛停放在停車場，結果竊車集團將其汽車開走，另有一位觀眾開車來觀賞節目，重要的物品筆記型電腦置放在後車廂，結果也被竊賊趁機偷走。

　　檢討本事件，停車場安全也非常重要，除人員定時巡視外，也必須加裝監視器，除有嚇阻作用外，萬一發生竊案，警方也可利用錄影抓到歹徒。

　　九、高樓層觀眾物品墜落：一位坐在音樂廳三樓包廂第一排的觀眾，將其雨傘置放在包廂前緣圍欄，不小心將雨傘碰落，結果雨傘落在二樓觀眾的腿部，沒有受傷僅受到驚嚇。

　　檢討本事件，許多觀眾為了自身的方便將物品隨意置放而忽略別人的安全，因此服務人員的巡視及提醒就非常重要。

　　十、高空煙火傷及觀眾：戶外廣場活動因演出效果的需要施放煙火，由於觀眾抬頭觀賞，有觀眾眼睛遭落下的煙火灼傷，緊急送醫治療並無大礙。

　　檢討本事件，在於未準確預估施放煙火區域應與觀眾保持安全距離，特別是忽略當日的風向，以致觀眾眼睛受到傷害。

第二節　劇場工作人員的危險意外事件

　　劇場工作人員由於在舞台上工作，舞台上有各類機械及燈光設備，工作如果不小心，很容易就產生傷害，下列事件都是曾經發生的案例：

　　一、升降舞台夾傷演出人員事件：某樂團在國家音樂廳節目結束後，演出人員進行整理舞台，在升降舞台時，一位樂團的團員未留意，被升降舞台夾傷腳，緊急送醫幸無大礙。

　　檢討本事件之原因，升降舞台非常危險，在劇院升降舞台必須拉上圍繩及閃警示燈，由於音樂廳舞台不複雜，反而讓工作人員心防鬆懈，因此反而發生意外，所以心態的調整，是預防意外發生重要要件。

　　另一事件發生在國家戲劇院，某演出團體舞監指示需將旋轉舞台由後舞台開回主舞台降平，結果造成一名舞台技術人員之右腳不小心被夾住受傷，救護車送往馬偕醫院，急診室診斷為三個腳指開放性骨折、皮膚壞死，需要住院開刀。

　　檢討本事件之原因，因為工作時間的緊迫性，導致工作步驟被大意的處理，意外因此發生，所以建立正確的工作流程、加強各種標示及完整的公告，並透過安全教育訓練等預防，以避免危險的發生。

　　二、摔入樂池受傷事件：某劇團在國家劇院演出時，演

出人員親戚前來劇院會客，警衛人員未等演出人員前來帶領其進入，就讓其自行進入，結果她上了舞台，燈光那時未開啓，樂池又降下，舞台技術人員也未放置警示燈，於是她一不小心就摔入樂池中，受傷情形嚴重，骨盆碎裂，在台大醫院療傷半年才出院。

　　檢討本事件之原因，警衛安全管理首先發生問題，未守住第一道安全關卡，由於劇院舞台有許多潛在的危險，任由陌生人走上舞台，就是置其危險而不顧，因此必須安排由劇場工作人員引領，如果劇場工作人員未出現，就必須讓訪客等待；其二舞台管理機制也發生問題，舞台或樂池降下時，必須圍住纜繩，同時也需放置警示燈，兩者都未做，悲劇因而發生，由此可見舞台管理一刻都不能鬆懈。

　　另一摔入樂池受傷事件為演出團體副導演摔入樂池受傷事件，國家戲劇院演出團體進行調燈，樂池拉起白色安全警示繩及紅色旋轉警示燈，演出團體燈光設計進行調燈時，因感覺正面白色警示繩影響畫面，要求拿掉白色警示繩，改以藍色水管燈替代，副導演因導演在觀眾席內聽不清楚她的說話，因此她跨過藍色水管燈要與導演溝通，一時忘記樂池已降下，左腳踩空摔落樂池，送台大醫院急診室因骨盆大骨髖關節斷裂，需換人工關節。

　　檢討本事件之原因，在於演出人員忽略劇場安全警覺性，以致為了工作而產生嚴重傷害，之後劇院加裝樂池安全網，以避免人員再度受傷。

　　三、調燈摔落：某燈光設計師於某劇場執行燈光設計執

行工作時，因不小心調燈梯傾倒而造成摔落，因傷及腦幹及視神經，以致右眼失焦，左手及左腳麻痺半癱瘓之嚴重傷害。第二個事件為青年舞台工作者周凱於板橋臺北縣立文化中心，為演出裝設燈光，不慎失足，由調燈梯架上摔落，腦死喪生。第三個事件為清華大學資訊工程研究所學生鄭仁博在南投埔里藝文中心為演出進行調燈時，因不慎卻從三樓天花板墜地，送醫昏迷後死亡。

檢討這些事件之原因，在於工作人員忽略劇場工作危險性，調燈梯的架設及移動都必須小心檢查，同時工作人員體力負荷也必須考慮，沒有專注精神力很可能小小疏忽造成莫大的遺憾。

四、合唱團團員自合唱台摔落：來自日本某合唱團在國家音樂廳排練時，一位合唱團的團員不小心自高處合唱台摔落造成骨折受傷。

檢討本事件，當合唱平台升起時，舞台監督及演出人員都必須產生危機意識，舞台監督必須提醒團員，而團員本身也必須小心，才不會造成遺憾事件。

五、拆佈景危險：某技術人員於在南港 101 廣場演唱會結束時拆佈景，與其他三位工作人員在三樓高之舞台鷹架拆佈景景片時，因繩索斷裂而致墜落，頭部及胸部重創，送忠孝醫院急救無效後死亡。第二個事件為某技術人員於在某劇場演出拆台時，在拆掉佈景時未注意吊桿平衡問題，以致佈景拆下時吊桿飛起，該技術人員因手握繩索以致飛起，造成手臂斷裂及胰臟破裂嚴重傷害。第三個事件為某劇場於佈

景裝台時使用懸吊系統，爲求吊桿平衡必須移除懸吊系統部分重鐵，結果工作人員不小心讓重鐵墜落，幸下方沒有人員但將舞台地板砸破一個大洞。

　　檢討這些事件之原因，在於工作人員進行危險工作時，舞台監督必須隨時進行監看，裝拆台時每一個重要的階段如拆掉佈景調整重鐵時，舞台監督必須有口頭提醒及檢查，才能減少危機的發生。

　　六、乾冰機操作不當：某學校舞蹈系年度公演於台北國父紀念館進行，因舞蹈節目內容需租用乾冰機，由一位黃姓同學操作，因不熟悉操作方式，造成滾燙熱水溢出燙到腳，造成皮膚嚴重燙傷發炎，後來住進馬偕醫院植皮手術，住院兩星期。

　　檢討這些事件之原因，在於舞台上專業器材必須由專業人員在旁指導操作，或由舞台監督監看下進行，才能減少危險的發生。

　　七、演出人員遇火災死傷：1994 年 12 月 8 日新疆克拉瑪依市教育局爲歡迎上級派來的「義務教育與掃盲評估驗收團」的 25 位官員，組織全市能歌善舞的中小學生 796 人在友誼館劇場舉辦「專場文藝演出」。因舞台紗幕太靠近燈具被烤燃而引起火災。當燃燒的火團不斷地從舞台上空掉下時，克拉瑪依市教育局的官員出來叫學生們：「大家都坐下，不要動！讓領導先走！」796 名學生全部陷入火海，323 人死亡，132 人燒傷致殘；死者中有 288 人是天真美麗可愛的中小學生。在場的有 40 多名教師，有 36 位遇難，

大部分為掩護學生而殉職。[3]

　　檢討本事件，固然因工作不小心引發火災，但後續滅火及逃生的過程，顯然有許多檢討之處，是否有滅火器？滅火器的數量是否足夠？工作人員是否會操作滅火器？劇場逃生門是否有開啓？是否有工作人員引導逃生？如果有事先的應變準備，應該不會有如此大的死傷事件。

　　八、卸載道具受傷：戲劇院某節目於戲劇院佈景道具卸貨口處，一名演出團體工作人員於卸貨口進行卸載道具，此刻因一名工作人員於貨車上進行道具搬移時，不慎推開了貨車（沒有裝帆布）頂篷的鋼架，鋼架因而滑落，導致貨車旁另一工作人員被此掉落鋼架撞擊，致使左臉部眼下方有一嚴重傷痕以及手骨不適，傷者前往台大醫院就醫，臉部縫針處理，手骨不適部分診斷爲手臂骨折。

　　檢討本事件，爲工作不小心所致，因此在搬運佈景道具時要特別的留意，因爲佈景道具通常巨大而且有重量，經常會遮蔽工作人員視線，加上必須要團隊合作才能搬移，所以工作的默契及相互合作就非常重要。

　　九、貓道墜落：某大學劇場設計系舞台技術組四年級陳姓學生，修習「技術管理與製作」課程時，由老師分配測量舞蹈廳的「貓道」；陳姓學生不慎從貓道摔落受傷。

　　檢討本事件，由於貓道位於舞台及觀眾席上方狹小黑暗，因此行進及工作時要非常小心，由於貓道的高度高，因

---

3 吳致美《台灣劇場觀眾席安全維護與緊急狀況應變處理研究》，96 年7 月，國立台灣藝術大學應用媒體藝術研究所碩士論文，頁 33。

此墜落對身體的傷害會很嚴重。

　　十、舞台沿幕起火：某舞團於社教館演出時，因舞台之地燈與舞台沿幕放置過近，過熱溫度引發燃點以致沿幕起火，幸工作人員及時發現以滅火器撲滅。

　　檢討本事件之原因，在於工作人員工作不小心而發生，如果有複檢的安全機制，或許就不會發生。

　　十一、劇場燒毀：國軍英雄館劇場於某日傍晚因工作人員外出吃飯，未關閉舞台燈光，因溫度過熱引燃布幕進而整個劇場燒毀。[4]

　　檢討本事件之原因，在於工作人員工作不小心而發生，如果外出吃飯能夠將舞台燈光關閉，並檢查可能造成危險的電源，劇場燒毀的事就不會發生。

第三節　遊客的危險意外事件

　　遊客雖然不會進入劇場內，但劇場的外圍設施如果管理維護不當，也很容易造成遊客的傷害，下列事件都是曾經發生的案例：

　　一、撞到電箱：陳小弟與媽媽行經兩廳院地下停車場出入車道，不慎撞及設於壁面的電器箱，致使頭額處撕裂傷。另一事件為小孩在音樂廳摩斯漢堡玩耍，撞及摩斯漢堡的電

---

4 郭乃淳《劇場經營與管理》，樂韻出版社，1997 年，頁 122。

力開關箱頭部流血。

檢討這些事件之原因，在於電箱放置的位置都是小孩可以觸及的位置，小孩的好奇往往造成危險，在這些事件發生後，電箱已調整位置同時也用膠條覆蓋，以確保危險不會發生。

二、溝蓋滑倒：一位老太太行經國家戲劇院廣場台階下方水溝蓋時，因天雨造成水溝蓋滑，於是摔倒造成骨折。

檢討這事件之原因，在於鐵製水溝蓋無防滑效果，事後將所有水溝蓋噴上金剛砂，產生極佳防滑效果。

三、電線絆倒：兩廳院的廣場經常舉辦戶外活動，也因此地上有許多的電線，在夜間光線不足的情況下，就造成遊客被電線絆倒。

檢討這事件之原因，在於電線行經的路線必須做整體的規劃，一方面要避免人潮經過之處，同時也要做線槽鋪設固定電線，以減少危險發生。

四、地磚絆倒：兩廳院的廣場地磚因熱脹冷縮會產生破裂或拱起現象，在夜間光線不足的情況下，就造成遊客被拱起地磚絆倒。

檢討這事件之原因，在於檢查維護之不足，在無大筆經費進行全面整修前，只有不斷的加強維護保養。

五、落磚擊頭：兩廳院的屋瓦在未重新整修前，經常會有碎落的磚塊從屋頂掉落，過去就有遊客遭黏結磚塊的膠條擊中，幸好不嚴重。

檢討這事件之原因，在於屋瓦大量損壞時就必須進行維

修，以減少可能帶來的危險。

六、停車場車輛擦撞：兩廳院的停車場每一車道都是單線行駛，但是也會有駕駛逆向行駛，就曾發生因車速過快及逆向行駛發生擦撞情形。

檢討這事件之原因，在於超速及逆向違規，因此在地面加裝減速坡道，同時請保全對於違規逆向的車輛吹哨制止，將可有效減少擦撞事件。

七、流浪狗攻擊：由於兩廳院位於公園內，因此持續都有流浪狗產生，部分狗兒因為遊客挑釁會產生攻擊行為。

檢討這事件之原因，在於無愛心主人在公園丟棄狗兒，為避免遊客受傷，只有請捕犬隊前來捕捉。

八、流浪漢攻擊：由於兩廳院位於公園內，自然就有流浪漢棲息，而流浪漢會因為飲酒失去理智產生攻擊遊客的行為。

檢討這事件之原因，在於公園內容易有流浪漢棲息，因此只有請保全不斷的巡邏及驅趕，減少流浪漢攻擊遊客的機會。

第四節　劇場設備引發的危險意外事件

劇場內有許多的設備，如果設備運作不正常發生問題，很可能會對觀眾及劇場工作人員產生影響，下列事件都是曾經發生的案例：

一、停電事件：某節目於國家音樂廳節目演出時，晚九時三十五分突然發生停電，觀眾席漆黑，隨即緊急電力啓動，有緊急照明的微弱燈光，樂團指揮鎮定繼續演出，觀眾也未離開，工務部電氣組值班人員檢查系統狀態，追查問題狀態後緊急應變處理。先至緊急供電機房將緊急供電迴路切至旁路，再至音樂廳變電室，用手動方式於九時五十三分恢復供電，節目於十時二十分結束，觀眾順利散場完畢。

檢討本事件問題發生在設備老舊，以致因突波雜訊而誤動作發生停電，必須更新設備才能解決問題，因此設備定期更新，是維護劇場安全的重要條件；其次演出團體指揮的鎮定，更是未造成任何危險及損失的重要關鍵，如果指揮停演，觀眾必然惶恐離開，黑暗中推擠很容易造成觀眾受傷，同時觀眾未欣賞完節目必然要索賠購票損失，演出團體也必然有重新安排演出檔期及索賠的問題，還好幸運化解危機。

二、空調機房火災事件：國家戲劇院空調機房曾因爲鍋爐配電盤過熱而發生火災，雖然中心的中央監控設備很快偵測到，但因爲起火點溫度高，中心工作人員無防火衣，因此雖有滅火器卻無法滅火，失去滅火的先機，經通知消防隊前來滅火，卻因爲消防隊不了解地形及設備，滅火的水柱反而造成未著火部份精密設備之損壞，因爲戲劇院是密閉的空間，空調無法正常運作就無法演出，因此當晚演出被迫取消並辦理退票，損失情況嚴重。

檢討本事件之原因，設備老舊造成機具故障而起火燃燒，加上消防預先規劃不夠細密，失去彌補的機會，以致造

成極大損失，唯一慶幸是發生在下午，並沒有觀眾在現場，否則火災濃煙透過空調管道對於觀眾將產生危險，因此定期更換設備，及事先消防演練，將減少產生危險的機會。

三、充電器引發火災事件：兩廳院前台工作人員所使用的通訊器材，必須每日充電，節目結束後就進行充電，由於充電器過熱燃燒下方的沙發，在半夜時引發火災，幸而房間內偵煙器及自動灑水系統發揮功能，阻止進一步燃燒，在中控室警衛人員趕到後迅速滅火。

檢討本事件之原因，充電器不良再加上放置位置不對而造成火災，因此充電器選擇及放置在無法燃點的器具上就非常重要。

四、燈光控制系統故障事件：美國著名之瑪莎葛蘭姆舞團在國家劇院演出，因為燈光電腦控制桌的故障，燈光無法正常操作做各種燈光的變化，以致節目被迫取消，退票給觀眾，並賠償舞團的損失，兩廳院因此至法院控告提供設備的燈光廠商提供不當的產品以致造成損失，經過多年的纏訟，兩廳院勝訴，廠商賠償中心金錢損失。

檢討本事件發生原因在於對設備廠商不了解，因此購買設備時盡量選用有口碑有商譽的廠商，才不會發生類似的事件。

五、舞台排煙窗被開啟事件：有一次強烈颱風肆虐台灣，國家劇院舞台上的排煙窗由於內外壓力不同，最後被壓力彈開，大量的雨水由排煙窗進入，燈具、懸吊系統、舞台都是雨水，工作人員緊急關排煙窗，並清除舞台雨水，因而

損失並不嚴重。

　　檢討本事件之原因，強烈颱風肆虐時，未思及對舞台排煙窗進行預先檢查，以致讓排煙窗開啓，因此劇院做防颱工作時，每一項工作都必須落實。

　　六、廁所淹水事件：國家劇院某節目演出結束後，前台服務人員未對廁所進行檢查，在劇院二樓男廁，觀眾洗完手後忘記關水龍頭，至半夜時，水壓加大，而排水管又有些堵塞，水於是由面盆流出，越流越多，水由二樓、一樓、至地面層圖書館，書籍都被淹失，最嚴重損失是地板內吸音棉吸滿了水，後續幾天內陸續滴水，防音的效果大減。

　　檢討本事件之原因，前台服務人員未落實檢查工作，應該必須等待每一位觀眾離開後，至廁所檢查，是否馬桶及小便斗和水龍頭都正常，才可離開工作崗位，也因爲此次事件，兩廳院至午夜十二點後，就進行停水，以避免錯誤事件再發生，損失也可降到最低。

第二章　維護劇場安全的方法

第一節　實施督勤制度

　　以國立中正文化中心為例，為了預防劇場危機的發生，以及發生危機時有緊急應變的能力，因此在非辦公時間實施督勤制度，由中心一、二級主管擔任督勤官來處理緊急事務，至於督勤官職責有下列四項：

　　（一）督導各單位值日（勤）人員。

　　（二）緊急災害或臨時狀況發生時，指揮有關單位或人員適時加以處理。

　　（三）長官或重要來賓之接待。

　　（四）其他臨時有關之事項。

　　督勤官在節目開演前至各定點巡邏，如前台、迴廊等重要區域，並落實劇場安全檢查，節目開演後十五分鐘回到辦公室或定點值勤，並電話告知勤務中心，以便連絡，在演出結束後，由前台各演出場地之小組長、舞台監督、工務值班人員、警衛小隊長向督勤官報告當日執行業務狀況，督勤官則填報「督勤工作紀錄單」，陳藝術總監核閱，有關督勤實

施要點內容詳如附錄一。

至於督勤官經常會遇到的問題會來自於觀眾、演出團體、或設備異常等等，有些問題業務執行人員就可直接處理，但也有一些問題需要督勤官進一步協調處理，茲整理部分督勤官處理案件資料如下：

問題類別	問題發生經過	處理情形
未滿七歲兒童不能入場引發之糾紛。	演奏廳晚場來賓有六歲以下小朋友七人，服務人員禁止其進入。	當日已告知主辦單位若有邀請小朋友欣賞或演出者有小朋友，應於簽合約時考慮訂為親子節目，以免造成認為一般節目已購票觀眾的困擾及欣賞興致，但因主辦單位堅持，且表示願負一切影響責任並簽下切結書保證。故前台小組長在督勤官同意下彈性通融處理，讓小朋友進入。
	○○劇團演出有不滿七歲之兩姊弟分別由母親及祖母陪同從不同入口進場，母親與小弟弟一組因告訴前台義工孩子已滿七歲，因此獲得放行，祖母及小妹妹一組誠實回答則被擋在另一入口未獲放行，家長因而質疑中心標準不一要求退票。	督勤官亦同意前台執行之標準，請前台小組長仔細向觀眾說明票券已加註 7 歲以下兒童不得入場之文字後，觀眾接受說明而離去。
生病或精神異常觀眾引發之問題。	○○管絃樂團演出前約 19:20 售票口有一位中年男子騷擾女性，保全員至現場處理，與中年男子發生言語衝突。	安全事務組組長至現場安撫該名精神異常的中年男子平復其情緒，督勤官亦至現場關切。
	劇院晚場中場休息時，一位年長的觀眾於二樓洗手間昏倒，其他觀眾發現後告知前台服務人員。	督勤官至現場請護士緊急處理後，其意識尚稱清醒，緊急送台大醫院救護並通知家人前往照料。

售票服務異常引發之問題。	○演出節目有一名網路購票觀眾至票口取票，拿到 1 樓 1 排 1 號座位的票券，然該節目 1, 2 排（樂池）未開放售票，因此並無此座位。	由於票務作業產生錯誤損及觀眾權益，因而督勤官道歉並同意其全額退票。
	舞台佈景影響到一樓三排（27~31 號）、四排（31~41 號）、五排（41~45 號），計 12 個位置觀眾無法欣賞節目。	協調演出技術部升起樂池區域第一排第二排座位供視線被擋到的觀眾更換，督勤官並贈送觀眾購買中心主辦節目 8 折優惠券及表演藝術雜誌 1 本以表歉意。
與演出團體溝通不良引發之問題。	○○交響樂團節目，該節目的節目單與票券顯示的演出時間為 19:40，但中心工作大表上卻是記載演出時間 19:30，中心所有配合的前後台工作人員都以為演出時間為 19:30，直到演出技術部舞監發現節目單上的演出時間不符，並通知所有相關工作人員。	本案合約簽定演出時間為 19:30 而不是 19:40。由於本案使用中心票務系統，在聯繫租用單位時，該單位曾表示「場地租用與票務系統皆屬同一單位，應該會知道演出時間改了」，顯然溝通問題必須再加強，督勤官協調後仍維持 19:40 開演。
建築設備不良引發之問題。	觀眾在廣場與劇院大型停車場間摔傷，主要該處水泥低崁原係作為禁止車輛進入藝文廣場之用，然對遊客及觀眾而言，高低不平很容易摔傷。	督勤官以電話慰問，並請其將醫療收據交本中心，由保險公司負責理賠。
演出設備故障引發之問題。	劇院○○演出團體因機械控制技術問題無法有效排除，延後 20 分鐘開演，觀眾表示抗議。	當天晚上 19:28 時演出單位在作佈景 preset 時，其自行裝設之電腦操控平台當機以致無法完成，演出單位技術人員即緊急調整電腦,維修至 19:38 時仍無法完成,演出技術部經督勤官同意後，啟動緊急延後開演程序，對觀眾宣布再延後開演 10 分鐘，19:50 維修完成開始演出。

　　除夜間節目的督勤外，在日常上班早上時間另由督勤小組召集人實施日間督勤，巡視兩廳院並發現問題，以照相記錄方式傳送各主管及業務人員，希望能迅速改善持續保持兩廳院美麗及安全，而在巡視各地點經常發現問題計有下列事項：

　　一、愛國東路生活廣場：

　　旗幟斷裂影響景觀、旗桿固定螺絲鬆動可能有傾倒危險、廣場噴水頭地磚凹陷容易讓遊客摔傷、耶誕點燈展示品髒污影響美觀、耶誕點燈照明燈損壞影響美觀、耶誕點燈照明電線未固定容易絆倒民眾、水溝臭味影響遊客、大海報欄廣告內容過期失去宣傳效果、大海報欄髒污影響景觀等。

　　二、角亭：

　　地磚損壞容易絆倒民眾、附近路燈歪斜可能有傾倒危險、販賣機故障影響遊客購買、亂停腳踏車影響景觀等。

　　三、小森林區：

　　草皮損壞影響景觀、流浪漢棲息可能攻擊遊客、路燈損壞影響夜間照明、地磚損壞容易絆倒民眾、堆積雜物影響景觀、座椅髒污影響遊客使用、圍牆燈損壞影響照明。

　　四、自由廣場門區：

　　活動後地面髒污影響景觀、地磚損壞容易絆倒民眾、餵食鴿子增加鴿糞影響清潔、阻擋圍欄遭拉開車輛會闖入、抗議人士任意聚集影響秩序、抗議人士偷接停車場電源影響用電安全、電話亭髒污影響景觀、自由廣場門下方積水容易讓民眾滑倒。

五、大森林區：

樹木有蜜蜂窩可能會攻擊遊客、松鼠啃食樹皮危及樹木安全、地磚損壞容易絆倒民眾、流浪漢棲息可能攻擊遊客、電信管路歪斜影響景觀。

六、藝文廣場：

活動後地面髒污影響景觀、活動後地面留有鐵釘及鐵絲影響遊客安全、地磚損壞容易絆倒民眾、排水口堆有雜物容易造成廣場積水、搭台影響觀眾通行、廣場玩遙控汽車或飛機影響遊客安全、活動噪音過大影響室內演出、過重車輛進入廣場影響停車場結構安全、野狗遊蕩影響遊客安全、檔車燈柱燈泡損壞影響遊客安全、標示損壞影響指示功能、廣場活動電線無線槽容易絆倒民眾、發電機位置不當影響遊客通行。

七、音樂廳生活廣場：

旗幟斷裂影響景觀、旗桿固定螺絲鬆動可能有傾倒危險、大海報欄廣告內容過期失去宣傳效果、摩斯漢堡用餐後垃圾飛揚影響景觀。

八、停車場：

入口車位剩餘標示牌數目錯誤造成車輛無處停放、逆向行駛容易造成車禍、違規停車容易造成擦撞、車速過快容易造成車禍、滅火器遭竊影響救火、緊急照明燈損壞影響逃生、車位號碼模糊不清駕駛難尋車輛、車燈未關易使車輛難啟動、機車闖入影響行車安全、隨意丟棄垃圾在車輛下方造成髒亂、牆柱張貼小廣告影響景觀、流浪狗亂竄影響行車安

全、消防系統遭撞影響停車場安全、廁所有小飛蟲影響遊客上廁所、流浪漢棲息可能攻擊遊客、空調箱遭撞影響景觀、廢棄車道有工程廢棄物影響景觀。

九、票口公共區域：

海報欄髒污影響景觀、張貼海報過期失去宣傳效果、下雨缺傘套造成入口處濕滑、廣場活動廁所大排長龍造成遊客不便、身心障礙人士進出不便需協助、標示掉字影響遊客尋找。

十、前台區：

入口處地毯突起容易絆倒觀眾、販售節目單大排長龍造成觀眾不便、轉播電視故障影響遲到觀眾欣賞、家具髒污或破損影響景觀及觀眾使用、櫃檯玻璃髒污影響景觀、安全梯內置放雜物影響逃生、電梯木質刮壞影響景觀、迴旋梯放置不用物品影響景觀。

十一、觀眾席區：

坐椅髒污或損壞影響觀眾使用、二樓以上包廂區觀眾將物品置放欄杆邊緣萬一掉下影響一樓觀眾安全。

十二、後台區：

佈景堆放影響通行及逃生安全、道具出入口地面突起容易絆倒技術人員、安全梯抽煙影響劇場安全、安全梯放置物品影響逃生、插座損壞使用不便、儲藏箱損壞工作人員使用不便、通往劇院五樓電梯未設定影響劇場安全、緊急廣播系統異常造成後台人員驚恐、化妝室座椅髒污影響使用、子母鐘異常影響演出人員上場、樂器擋住消防安全箱影響劇場安

全、貓道門未鎖影響劇場安全、利用物品擋住前後台區安全門影響劇場安全。

至於巡視後台演出團體的部分，也曾發現下列的問題：

（一）未遵守兩廳院的規定：

1.演出團體在化妝室吃東西未妥善處理，容易滋生老鼠。

2.演出人員在禁止吸煙的安全梯內吸煙。

3.演出團體技術人員在劇院五樓貓道區吸煙。

4.演出團體將暫時不用的東西放入逃生安全梯內。

5.演出團體在觀眾席擺設電線，未適當處理容易絆倒觀眾。

6.演出人員至前台區休息，弄亂前台沙發。

7.在貓道工作時未鎖門，萬一讓陌生人闖入容易造成危險。

8.廣場演出演出團體架設電線未適當處理容易絆倒行人。

9.廣場演出演出團體隨意置放裝台物品。

10.演出團體技術人員在安全梯內油漆。

（二）工作不小心造成損壞：

1.演出團體搬運佈景撞壞電梯燈罩。

2.演出團體搬運佈景撞壞逃生安全梯照明燈。

3.劇院佈景進出口道具車倒車不當撞壞牆壁罩燈。

4.音樂廳樂器進出口樂器車倒車不當，撞壞牆邊角。

5.搬運佈景道具的推車隨意置放破壞牆面。

6.廣場活動拆台鐵釘螺絲未清除容易傷及遊客。

（三）準備工作不夠完善：

1.演出團體在舞台排練太晚，觀眾遲遲無法入場焦躁不安。

2.演出團體攝影師堅持在觀眾席拍照但隔音防護措施不夠造

成觀眾客訴。

3.演出有觀眾持貴賓票入場，但主辦單位表示並未申請開放貴賓室。

4.演出團體安排獻花人員認識不清，將花交給舞團配角。

5.演出節目單遲至開演前才到場，觀眾不斷詢問。

6.操作電腦失當，背景投影忽然出現電腦對話視窗。

（四）人員管理不當：

1.演出團體前台發問卷工作人員服務形象極差，蹲坐地上並嬉鬧。

2.演出團體票務人員演前失蹤，造成許多觀眾無法順利取票之狀況。

（五）演出團體設備發生問題：

1.DoubleBass 有爆音產生，且聲音時大時小音響效果很差。

2.演出團體因機械控制技術問題無法有效排除，延後開演觀眾抗議。

另外督勤召集人每年需完成督勤業務檢討報告，希望減少問題之發生，進而提升服務品質，以九十九年督勤業務檢討報告爲例，其內容包含有：

一、督勤問題改善成果統計：

執行組室及工作成果類別	數量（件）
總務行政部 ── 設施改善、清潔改善及秩序等改善	86
推廣服務部 ── 服務及設施改善	106
演出技術部 ── 服務及設施改善	57
其他部門業務改善	68
小計	317

二、特別的督勤問題：

（一）遊客撞到戶外雕塑三重奏拱門頭部受傷。

（二）停車場倒車不慎擦撞車禍。

（三）停車場電燈迴路老舊故障，造成無法照明。

（四）戶外演出原住民舞者因寒冷失溫昏倒送醫。

（五）演出團體外接演出設備絕緣差造成漏電斷路器動作而跳電影響演出。

（六）演出舞者腳扭傷經救護車送台大醫院急診。

（七）音樂廳二樓三排雙號產生異音。

（八）下午場演出節目過長影響晚場節目裝台排練。

（九）演出團體經理禮遇台灣友人要求優先入場，造成其他觀眾不滿。

（十）小朋友被風車（演出團隊販售的玩具）尾端不慎插到鼻子送台大醫院急診。

（十一）車輛前面右邊保險桿勾到中心機房前面鐵架損壞。

（十二）演奏廳觀眾電子錶造成異音影響演出。

（十三）舞台樂譜燈遭演出者踢除演出中斷。

（十四）燈光值班人員提前開中場燈，造成部分觀眾離場影響演出。

（十五）音樂會遭鬧鐘干擾影響演出。

（十六）廣場活動電線走火危及演出安全。

（十七）實驗劇場字幕機異常，觀眾無法了解劇情。

（十八）舞者遭熱水燙傷送醫。

（十九）自由廣場地面突起遊客摔倒。

（二十）小朋友觀賞節目流鼻血緊急通知家長。

（二十一）演出團體副導演摔落樂池受傷。

（二十二）音樂廳施工焊接及油漆異味影響駐店，顧客抱怨。

（二十三）○○劇團演出暫停，演員及導演台上發表感想影響演出。

（二十四）舞台技術人員遭升降舞台夾傷腳緊急送醫。

（二十五）兒童撞擊殘障坡道受傷緊急送醫。

（二十六）音樂廳演出有異音影響演出，推斷為觀眾手機。

（二十七）音樂廳大廳有施工斷落的電線影響觀瞻。

（二十八）觀賞○○節目一名女性觀眾演後不斷哭泣無法控制。

（二十九）○○劇團工作人員遭道具車壓到右腳掌緊急送醫。

（三十）○○分銷點作業錯誤發生座位重號。

（三十一）○○大學交響樂團團員後台不斷嘔吐緊急送醫。

（三十二）劇院三樓雙號側後方牆面板子倒下打到點工，緊急送醫檢查。

三、演出團體及觀眾意見彙整：

（一）觀眾反映停車場壅擠遲到無法觀賞節目問題。

（二）一名金緻卡會員遺失票券，拾得票券者已持票入

場，購票者於開演 3 分鐘才發現票券遺失無法進入，後前台同仁查明後，以工作席讓購票者進場觀賞，該會員不滿，認為中心未保障購票者權益。

（三）實驗劇場遲到觀眾無法入場，認為此項規定並未在票券上載明故無法接受，希望中心未來能在票券上註明所有的觀賞限制與規定，以免影響觀眾權益。

（四）○○親子節目演出，許多父母向服務台借用墊高坐墊，但需求數量不足。

（五）年紀大觀眾要求從三卡寶駐店旁之觀眾入口進入。

（六）音樂廳觀眾遭跳蚤咬傷。

（七）停車場爆滿觀眾無法準時欣賞演出。

（八）廣場活動持票觀眾要求優先停車。

（九）劇院四樓欄杆擋住視線。

（十）實驗劇場通道區空調不足。

（十一）停車場停車格編號不清楚。

（十二）許多民眾抱怨中心夏日爵士戶外派對活動與○○活動演出時間相衝突，造成欣賞品質很差。

（十三）○○樂團於演出期間使用電梯搬樂器，影響演出團體演員使用電梯。

（十四）觀眾抱怨演奏廳○○○鋼琴獨奏會準備之節目單不足。

（十五）觀眾抱怨○○○音樂會主持人講話時間過久。

（十六）觀眾抱怨音樂廳地毯太髒。

（十七）觀眾抱怨節目有童謠廣告適合闔家觀賞，來到演出現場卻發現無法入場。

四、重複發生之問題：

（一）物品擋住消防箱影響救災。

（二）售票處節目異動公告，因演出團體寫法不同、用的紙張顏色不同，有的也無英文，觀眾閱讀困難也不美觀。

（三）海報張貼過期未更換。

（四）停車場之消防箱及空調箱遭駕駛技術不佳者撞歪或脫漆。

（五）生活廣場旗杆歪斜。

（六）停車場之廢棄車道不斷有垃圾丟入。

五、問題分析及建議：

（一）演出及技術人員受傷有 7 件，包含戶外演出原住民舞者因寒冷失溫昏倒送醫、演出舞者腳扭傷經救護車送台大醫院急診、舞者遭熱水燙傷送醫、演出團體副導演摔落樂池受傷、舞台技術人員遭升降舞台夾傷腳、劇團工作人員遭道具車壓到右腳掌緊急送醫、交響樂團團員後台不斷嘔吐緊急送醫，這些事件幸好都沒有讓演出中止，發生退換票的問題，但部份問題後續的協商賠償卻花費許多人力及金錢，因此提醒演出團體留意演出及技術人員的安全非常重要，特別在裝拆台時發生危險機率最高，因此在那段期間，中心同仁由於工作經驗豐富，需特別留意演出團體工作人員。

（二）觀眾及遊客受傷有 3 件，包含遊客撞到三重奏拱門頭部受傷、小朋友被風車（演出團隊販售的玩具）尾端不

慎插到鼻子送台大醫院急診、兒童撞擊殘障坡道受傷，發生三件其中兩件都是兒童，前年也發生小朋友分別撞到地下停車場防水閘門及排水開關箱受傷，顯見兒童的好奇及活潑很容易發生問題，因此對於兩廳院的設施需做預防式的檢查，減少兒童受傷害的機會。

（三）異音的問題仍然存在，全年發生 3 件，分別為音樂廳二樓三排雙號產生異音、演奏廳觀眾電子錶造成異音、音樂廳演出有異音推斷為觀眾手機，因此加強宣導請觀眾關掉手機，將可減少異音發生的機會。

（四）工作的細心非常重要，今年發生演出團體外接演出設備因絕緣差造成漏電斷路器動作而跳電、舞台樂譜燈遭演出者踢除演出中斷、燈光值班人員提前開中場燈、音樂廳大廳有施工斷落的電線、分銷點作業錯誤發生座位重號，上述事件如果能夠細心就可避免發生。

（五）停車場客滿對觀眾而言非常不便，全年有 3 起客訴，因此如何妥善規劃觀眾停車非常重要，事先的公告、管理人員調派都需準備妥當。

（六）在重複發生問題之部分，生活廣場旗幟斷裂、停車場之消防箱及空調箱遭駕駛技術不佳者撞歪或脫漆、停車場之廢棄車道不斷有垃圾丟入等問題，似乎都很難解決，有賴大家再集思廣益。

由於年度督勤業務檢討報告自九十三年開始，因此其他各年度督勤業務檢討報告請見附錄二。

第二節　設備的正常運作與維護

　　劇場設備主要在兩大類，一類是建築設備，另一類是演出設備，如果設備發生問題，很容易影響演出，或者對工作人員及觀眾產生危害，因此設備的巡檢及維護就非常重要，在建築設備方面特別留意有四個部分：

　　一、水電：觀眾的飲料服務、演員的淋浴、工作人員的飲水、盥洗室的沖水都需要充足的水源，因此不但要有儲水的空間避免停水外，對於管線、水龍頭也要定時檢查，以避免因漏水引發安全事件，在國家戲劇院就因為廁所水管接頭鬆裂，造成不斷的出水，因而造成水溢出廁所，幸及早發現未造成更大的災害，也曾發生化妝室演員淋浴的熱水器因儲水槽的破裂造成持續漏水，也是及早發現未造成更大的災害。至於電就更為重要，演出的燈光、一般的照明、空調的運作、電梯的起降、舞台的運作等都需要電，為了減低停電的機會，以兩廳院為例，其電源來自兩迴路，萬一一個迴路停電，可使用另一個迴路的電，如果兩個同時停電，基於觀眾之安全，仍備有蓄電池，可供緊急照明使用，方便觀眾逃生，由於用電不慎經常會引發火災，因此管線的檢查、各用電迴路是否超過負荷的管制都非常重要，過去就曾發生演出團體增加附加的演出設備，結果超過用電的負荷造成短路的情形。

　　二、空調：劇場為密閉空間，因此冷氣空調的循環對於觀眾及演出人員就非常重要，兩廳院的國家戲劇院空調配電盤曾經發生火災，於是空調無法運作，演出節目被迫取消，而國家音樂廳也曾因為冷氣不足，美國紐約愛樂團員只穿襯衫演出的情形，同時劇場有許多專業的設備必需維持恆溫恆濕，空調必需二十四小時運轉，因此如何維持空調主機的正常運作，並保持各送風管的暢通就非常重要。

　　三、弱電：劇場維護觀眾及演出人員安全最重要的工作就是避免火災，而如何藉靠先進的設備早期發現火源並予撲滅，就是弱電專業人員的責任，以兩廳院而言，設有中央監控系統，該設備除在各重要定點設置攝影機監看外，並有偵煙警報系統，任何一個區域如發生火警，執勤人員可隨即發現並前往處理，同時也設置有自動滅火系統，如煙達到某一濃度時，會自動洒水或噴灑海龍藥劑，以達初期滅火之效，種種的措施都為確保觀眾及演出人員的安全。

　　四、營建：門鎖的修理、牆面的油漆、地磚的換補、座椅的修理等工程都屬營建的工作，工作雖然繁雜，但對於劇場整體景觀及觀眾、遊客、演出及工作人員的安全，卻有不可磨滅的貢獻。由於劇場設備會自然損壞，再加上人為有心及無心的破壞，例如屋瓦掉落、地磚破裂造成地面不平等都可能造成人員危害，因此維護工作要做的確實非常重要。

　　至於在演出設備方面，特別留意有也有三個部分：

　　一、舞台：依各劇場條件之不同而有不同的舞台設備，就以國立中正文化中心四個表演場地來說，國家戲劇院演出

歌劇、舞台劇、傳統戲曲、芭蕾、現代舞等，為因應換景的需要，有主舞台、後舞台、左側舞台、後下舞台，同時運用四台升降平台、三台舞台平台車、一台轉台平台車及五十三道吊桿的懸吊系統來做變化；在實驗劇場演出實驗劇及小型的舞蹈，其空間只有十九公尺長、十四公尺寬、八公尺高供演出者創意發揮，除張力索式頂棚，並無懸吊系統；在國家音樂廳演出交響樂、合唱、室內樂等所以只有主舞台，同時可運用十六片舞台升降平台和五支吊桿，作為樂器及合唱人員高低位置配置及簡單的掛景使用；在演奏廳演出小型的室內樂及獨唱獨奏等，因此也只有主舞台，並無其他舞台設備。由於舞台基於換景的需要必須上下或左右移動，因此舞台車的正常運作就非常重要，同時懸掛佈景的吊桿，不論手動或電動，也都必須確保運作不會發生問題，因為在移動舞台車或使用吊桿時，對舞台技術人員就是最危險的時刻，一不小心就被夾傷或是被拉扯造成危害，所以維護機械正常非常重要。

　　二、燈光：由於舞台氣氛的塑造需要燈光，因此劇場燈具的型式、數量、燈具的瓦數都應滿足演出團體的需求，由於戲劇舞蹈演出燈光需求比較複雜，因此以國家戲劇院為例，其燈具數量高達 630 個，並有移動式側燈架、追蹤燈、特殊效果燈等，目的為讓燈光要有更多的變化；至於在國家音樂廳，由於音樂會的演出以照明為主，所以只有 93 個燈具，另有兩具追蹤燈，所有的燈光再裝上不同的色紙，舞台可以呈現萬千的變化。燈具設備的正常及懸掛燈具的確

實非常重要，因為過去就發生過燈具色片夾掉落舞台，險傷舞者的危險事件，此外燈光的調燈梯使用及移動也要非常小心，畢竟在高處調燈，萬一墜落造成的傷害將難以彌補。

三、視聽：演出團體的舞台監督必需與演員及技術人員相互聯絡，需要舞台對講設備，為讓觀眾清晰聽到舞台演出聲音，因此必需使用擴音設備，而當戲劇舞蹈演出時視聽人員需要播放配樂，另外也要執行錄音錄影存檔，因此視聽的重要性不言而喻，以中正文化中心國家戲劇院為例，擁有STUDER 903 音響控制設備，舞台對講機系統、後台呼叫系統、緊急呼叫系統、電視監視器系統、錄音影設備、影片放映設備、字幕幻燈設備、混音控制器、盤式及卡式錄放音機、雷射唱盤等，視聽設備的正常運作非常重要，尤其是需要擴音設備的演出，例如以播放音樂的舞蹈演出，如果音響設備異常，整晚的演出就必須取消，另外要特別留意就是音量的控制，因為過大的音量會傷及觀眾的耳朵。

劇場擁有專業的設備及人員，但演出成功及安全的關鍵還是與演出團體的溝通與聯繫，演出團體是否確切了解劇場所提供演出設備及人力支援的內容，同時劇場宣導的安全注意事項，演出團體是否充分了解，劇場需提供技術資料手冊外，同時透過技術會議的召開，並進一步的詳細說明，而演出團體也必需依據劇場設備及人員的狀況和本身演出技術的需求，擬定完整的後台工作及安全維護計劃，在技術會議中提出，雙方協商溝通確定整個工作的計劃，而在此計畫中必需包含事項計有：

一、演出佈景道具或樂器抵達劇場的時間，及需配合的事項。

二、裝台的時間及人員需求和所需的設備。

三、排練室的使用時間及設備的需求。

四、佈景、服裝置作室的使用時間及需求。

五、樂器的使用時間及鋼琴調音的需求。

六、化妝室的需求及分配。

七、彩排的時間及人員設備的需求。

八、錄音影的時間及設備人員的配合。

九、正式演出的時間及人員設備的配合。

十、拆台的時間及需配合的事項。

十一、劇場安全注意事項。

其中有關劇場安全注意事項，以國立中正文化中心展演場地安全維護管理要點為例，則包含下列內容：

一、為確保安全，凡在展演場地使用之電器設備、火源、易燃品及其他涉及安全相關的事物，應依下列規定辦理：

（一）演出使用之佈景及舞台合板等需先經防焰處理。

（二）於總彩排時，所有演出人員、協演人員、技術人員必須參與緊急狀況之處理演練。

（三）舞台使用易燃、易爆物品造成火焰效果，需於演出日十五天前提出申請，並經中心審核及台北市消防局核備後，始可進行。

（四）舞台區及鄰近位置，所備之手提滅火設備，應以

海龍或環保海龍爲原則，禁止使用乾粉或泡沫容易汙染舞台之滅火器。

　　二、凡在展演場地使用之電器設備需提供設備規格、清單、接線圖，其接線方式應符合電氣安全法規及中心安全之要求。連接電器設備之導線，應以軟式橡膠電纜爲原則，在舞台上嚴禁使用白扁線、玻璃花線及鋁芯導線。

　　三、舞台上之照明燈具，演出團體需確實檢查。懸掛燈具需與佈景、布幕、其他可燃物保持安全距離。所有移動燈具應使用橡套電纜，插頭及插座必須保持接觸良好。變壓器等易發熱的設備應安置在不燃燒的基座上，防止過熱起火。每次演出結束後，應做防火檢查，確認安全及切斷電源後，始可離去。

　　四、非經許可禁止使用汽油、乙醇等易燃物品清洗假髮等劇裝物品。

　　五、舞台上嚴禁堆放未經許可之可燃物，舞台的側台及通道禁止存放當場演出以外的佈景和道具。

　　六、施放煙火相關規定如下：

　　（一）施放煙火審核：施放煙火之火藥數量、位置、時間及施放者，需具備施放煙火實際經驗及本中心審核通過者。

　　（二）委外施放之煙火專業人員，應具備煙火產品施放之知識及施放之實務經驗。

　　（三）每一場煙火施放，相關專業人員親自勘查地形，了解舞台周遭環境建築物、易燃物品製造儲藏場所、空中可

施放高度、舞台演出動線、觀眾席。務求煙火施放時四周能有安全維護及警戒措施。

（四）煙火施工及安全管理

1.前置作業：

煙火施放整體工程包含節目內容設計、煙花產品挑選、快速引線連接或電子燃放彈號安排、分類等，每一環節過程都要小心，不能重摔、拖拉、敲擊，藥包更須避免金屬器或電子、電流器材。

2.現場施工作業：

煙火器材現場布置是煙火燃放整體工程最重要項目，工程師應勘查四周環境，工作人員四周要拉起警戒線。

3.演出檢查作業：

演出前專業人員必須進行檢查，施放煙火方位、火藥數量、固定架是否傾斜。演出結束後，專業人員必須進行檢查是否有火藥遺留物，全場巡視過程，專業人員須對火藥進行專業處理並做完整記錄。

七、發生火災處理程序，舞台人員須通報舞台監督，舞台監督指揮先緩降設備，同時垂直大幕落下，後台人員立即用滅火器滅火，並通報安全組。

八、火勢撲滅後，燃起物移離舞台區，後台值班舞台與演出團體負責人協商確認狀況解除，不影響節目正常演出，由值班舞監向觀眾廣播節目繼續演出，並向當日督勤人員報備。

九、火災後續處理事項如下：

（一）火勢撲滅後，應派員繼續監視火場，以防死灰復燃。

（二）配合消防人員調查起火原因，確定起火責任。

（三）清查財物損失列冊陳報。

（四）如有人員傷亡立刻送醫處理善後。

（五）對於救火有功人員予以獎勵，失職人員應與懲處。

（六）檢查消防及救護器材及其他安全設備，必要時予以補充。

另依據行政院文建會所出版之《台灣劇場資訊與工作方法叢書》中舞台監督篇列舉有三項劇場工作安全手則：

（一）工作時的穿著

1.厚實的罩衫或連身工作服。

2.厚底硬面的工作鞋。

3.安全帽。

4.手套。

5.面具

6.工具皮帶

（二）一般安全手則

1.千萬不要試圖一個人去移動過大的物品（無論佈景或道具）。

2.千萬不要將工具放置在梯子上，以防滑腳或掉落。

3.攀爬梯架時請不要將工具放置在口袋中，請佩帶工具皮帶。

4.如果無人幫你扶梯子，請不要獨自一人爬梯子。

5.千萬不要跨越吊杆行走，而降吊杆時，如無特殊需要，應該降至約至胸口高度即可。

6.千萬不要將上頭有釘子或螺絲釘木材，留在舞台上或工作人員行走的通道中。

7.千萬不要在無人看顧情況下，打開升降平台或舞台陷阱的蓋板。

8.舞台上嚴禁吸煙及飲食。

9.不要將飲料食物置於佈景道具之上。

10.在階梯或平台邊緣標上清楚白線。

11.任何須吊掛的器材於上升前應仔細檢查是否固定穩當，並加上安全練。

12.技術彩排前引導所有演員了解舞台及後台實況，並明確指出每一處可能發生危險的地方。

（三）舞台兩側準備位置的安全守則

1.不可阻擋逃生通道或妨礙懸吊系統工作人員工作。

2.清理所有翼幕內側走道，與演出無關的物品都應該被清除。

3.妥善固定預置至於側台的平台與樓梯。

4.應有足量的工作燈。

5.用寬膠帶將繞行於地板的電線蓋貼起來。

6.穿場或工作用的地毯邊緣應用膠帶貼牢。

7.固定用的重鐵或支架邊緣都應貼上白色膠帶。

8.將必須懸吊繩索、電線固定於比人高的位置，並加上

明顯的標示。[1]

　　劇場的技術部門必需有專責的人員與演出團體的舞台監督協調處理聯絡所有的技術事項，以國立中正文化中心為例，設置有值班舞監，處理所有演出團體舞台技術聯絡事宜，其主要工作包含召開與演出團體的技術會議，依據演出團體後台工作計劃指派劇場舞台、燈光、視聽專業人員之上下班時間及工作分配，監督裝台、彩排、演出、拆台各項工作之執行，確保工作安全及工作效率。

第三節　危險狀況的防範及演練

　　各項危機事件如果有事先防範及演練就不會發生慌亂，影響救災或造成生命及財產的損失，在劇場興建之時就有嚴格的規範及施工，日後使用時就不會有產生危機，林尚義教授在《劇場規劃設計與劇場安全》專論中，就提及劇場設施之規劃準則及劇場結構安全需有下列條件：

　　1.建築物材料不偷工減料：

　　建築物材料不偷工減料，混凝土中水泥量夠，含砂與卵石清潔無污泥，配比適中，配水無鹽份無任何雜質，鋼筋斷面尺寸足，強度夠延性良好，焊接或螺接繫性均符合規格。

　　2.按施工規範及施工說明確實施行：

---

1 邱坤良、詹惠登主編　李強、張秀玲執行編輯，《台灣劇場資訊與工作方法叢書》舞台監督篇，行政院文化建設委員會，民國 87 年。

劇場設計與施工是否按施工規範及施工說明確實施行。

3.建築體結構系統需均勻對稱:

劇場建築體結構系統需均勻對稱。

4.符合建築技術規則:

表演場所柱子排列勻稱,尺寸恰當,並符合建築技術規則建築構造篇第六章第四節規定。

5.注意鋼棚所承受重量:

劇場頂樓不可裝置或裝設太重物品,尤其劇場舞台上面之懸吊系統改裝架設,應注意鋼棚所承受重量的標準。

6.牆角配置要對稱:

牆角配置要對稱,不可使牆體於上下層間作太大的勁度改變。

7.嚴格執行不超載:

嚴格執行不超載的禁令,結構單元不能遭人工破壞。

8.建築物應保持足夠的間隔:

劇場如有相鄰之其他建築物應保持足夠的間隔以免碰撞。

9.建築體基礎必須堅固:

建築體基體必須盤固於足夠土層中,或以樁基墩深植堅實地盤。

10.須定期檢查及維護建築體安全:

如遇地震,於地震後必須檢查及評估,並做確實修補,平時需定期檢查及維護建築體的安全。

至於劇場之防災,必須包含下列條件:

　　1.劇場面臨道路必須使消防車容易接近：

　　表演場所面臨道路，必須使消防車容易接近進出滅火搶救，在可行性評估階段，必須評估基地面臨道路是否能提供改善條件。

　　2.應適度提高疏散空間：

　　所在環境周圍建築物用途，是否同樣屬於公眾使用建築物，例如商場、百貨公司、集會場所等，這類建築物在發生災難時，在大眾逃難時容易造成人潮擁擠，應適度提高疏散空間，疏散動線標準。

　　3.避免處於高密度房舍區：

　　在鄰近區域不可處於高密度房舍區，因為鄰近發生大火容易受到波及，並妨礙消防救災。

　　4.消防設備是否有不全的地方：

　　調查劇場目前的建築構造方式，除在防震安全考量上，防火避難設備、消防設備是否有不全的地方。[2]

　　所以劇場安全從劇場規劃興建時，就必須有細密的計劃，防火的設備、防震的設備、防淹水設備不可或缺，同時不可偷工減料，日後才不會發生危險。

　　而在吳致美在《台灣劇場觀眾席安全維護與緊急狀況應變處理研究》論文中，也整理意外種類與預防方法分析表，清楚提出意外原因及預防的方法：

---

2 林尚義　劇場規劃設計與劇場安全，台灣戲專學刊第 8 期，93 年 1 月，頁 112。

觀眾席意外種類	意外可能肇因	預防方法
一、人員墜落、滾落意外	就座於觀眾席高樓層的觀眾，非法踰越攀爬與民眾本身不注意安全圍籬、圍牆、阻隔欄之高度所在，或建築體本身圍欄設計過低，有可能造成人員自高處樓層墜落、滾落至低樓層。	1.利用大眾廣播系統或其他告知方式提醒場內觀眾，勿隨意攀爬場內所設置圍籬、圍牆、阻隔欄等。 2.派遣劇場服務人員以口頭告知觀眾注意自身安全。
二、火災、爆炸意外	1.劇場密閉環境裡，因佈景、道具、舞台甚至於觀眾席座位等都不具有抗燃性或抗燄性的處理。 2.具有引火性及具爆炸性的危險物並未明確標示。 3.香菸也是易導致劇場火災發生的另一因素。	1.透過建築法、消防法相關的條例予以解釋、規範，也可依據勞工安全法令第八章：爆炸、火災及腐蝕、洩漏之防止中相關規定給予管理。 2.若觀眾不聽劇場人員勸導，任意於公共場所抽菸則可依菸害防制法告發，情節嚴重者依公共危險罪究辦。
三、高空物體飛落、物品墜落意外	高樓層面的觀眾因好玩或公德心不足，任意將物品自高處拋落（果物、宣傳單、口香糖等）或不小心失手使物品墜落。	1.利用大眾廣播系統或其他告知方式提醒場內觀眾，勿將物品自高處拋下。 2.加強觀眾劇場禮儀培養與劇場安全常識灌輸。
四、物體倒塌、崩塌	1.觀眾席可能受到傷害的部分為舞台景片或佈景道具倒塌而造成意外。 2.因場地燈光設備不足，在觀眾席內架設燈光設備而導致意外。	1.派遣劇場服務人員提醒觀眾勿接觸佈景道具或外加設備，避免倒塌而造成意外危險。 2.若有受傷意外發生，館方（前台服務員）則應立即採取緊急救護程序。
五、被切、割、擦傷	場內觀眾受到劇場設施（建築物牆面、結構突出物）或觀眾席座位旁銳利邊條傷害所致。	1.利用大眾廣播系統或其他告知方式提醒場內觀眾注意自身安全。 2.若有受傷意外發生，館方（前台服務員）則應立即採取緊急救護程序。
六、感電意外	在劇場環境中使用大量燈光與音響設備，以致於觀眾與工作人員長處於各種電器使用的環境，感電意	1.對於感電危險的防範，劇場工作者除了遵照電業法相關規定外，也依據勞工安全衛生設施規則來加以管理。

	外發生機率增加。	2.利用大眾廣播系統或其他告知方式提醒場內觀眾注意自身安全，勿隨意碰觸場內電器設備。 3.若有受傷意外發生，館方（前台服務員）則應立即採取緊急救護程序。
七、噪音意外	現代劇場表演時，觀眾席內常利用音響與擴音設備，這些設備除了使劇場工作者受高分貝噪音傷害外，一般觀眾也會受到噪音傷害。	1.噪音管制法對於噪音的規範及罰則有明確界定。 2.對於劇場工作者與觀眾健康維護，使用勞工安全衛生施行細則需要做環境檢測外並可依第三百條做為控制與評估噪音的法令依據。
八、扭傷、夾傷及跌傷意外	扭傷起因可能由於地面、樓板地面不平、空隙不當、階梯不等高，或是觀眾自身疏忽造成肢體受傷。而夾傷起因多為空隙開闔所造成，如舞台升降機、舞台機械設施、門、鐵柵門等之運動開闔。	1 利用大眾廣播系統或其他告知方式提醒場內觀眾注意自身安全，對於各個進出的門應有專人管理，防止觀眾不慎夾傷。 2.若有受傷意外發生，館方（前台服務員）則應立即採取緊急救護程序。
九、暴力傷害、性騷擾意外	當觀眾聚集室內、室外劇場內觀賞演出時，因聚集狀況為人員密集時較易發生。	1.倘若有發生觀眾失序、暴怒或滋擾事件產生，館方要立即派員關心處理外，更應依自訂緊急通報程序，立即通知場所單位最高主管、及當地所屬警察機關單位前來處理。 2.性騷擾事件處理可依據民國 94 年 2 月 5 日立法通過之「性騷擾防治法」予以處理為宜。

3

---

3 吳致美《台灣劇場觀眾席安全維護與緊急狀況應變處理研究》，民國96 年 7 月，國立台灣藝術大學應用媒體藝術研究所碩士論文，頁 28。

　　而白志煌在《台灣當代劇場技術人員組織與培訓之研究》論文中也整理意外傷害的種類、發生原因及地點的一覽表：

傷害種類	發生原因	地點
墜落傷害	人員因高空作業或高低差環境下工作墜落而造成傷害。	樂池、舞台升降機、升高機、鷹架、爬梯、樓梯、鋼棚、貓道、表演舞台區
火災傷害	1.因電器引起的火災：固定設備或臨時架設設備，因負載或接點不正確，造成過熱或火花引發火災。 2.舞台特效：如燒煙機、煙火、爆破或化學藥劑有火源之器具所引起。 3.舞台特殊佈景或道具：如使用油燈、火把、爐火等。 4.焊接：因裝台或工程焊接引發之火災。 5.燈光過熱：劇場中高瓦數燈光離易燃物過近，高熱而燃燒。 6.抽菸：因劇場工作人員屬於高抽菸人口族群，因抽菸不慎引發火災。 7.其他外來因素：如縱火、雷擊等。	表演舞台區、後台、觀眾席、佈景工廠、休息區。
電擊傷害	1.電力超載或短路造成漏電。 2.接地不良或接點不正確造成電擊。 3.接電時未做防護措施造成電擊。 4.維修機械或電器未按正常程序。	電器室、電力迴路、表演舞台區、後台
重擊傷害	1.承重類：貓道或懸吊系統因承重超過安全係數，或結構組件不良、設計不當、執行不當等造成人員重擊傷害。 2.非承重類：如景片道具組件不良或設計不當、執行不當，例如佈景倒塌、道具從高處掉落等造成人員重擊傷害。 3.工作人員高空作業時，因一時疏忽將工具或零件由高處掉落造成人員重	表演舞台區、後台、觀眾區

	擊傷害。 4.機械控制不當：如佈景之移動未按操作程序，人員受到重擊。 5.配重不當：重鐵平衡式吊具系統配重程序不當，成人員重擊傷害。	
肌肉傷害	1.碰傷：因空間動線不良或行動時與人或物品碰撞，或因舞台佈景移動時使用同一空間而產生碰撞。 2.拉傷：搬運重物時姿勢不良。 3.扭傷：因地面樓板不平、空隙不當、階梯不同高等原因引起 4.壓傷：搬運重物或佈景道具引起。 5.割傷刺傷：器具物品表面不平滑。 6.夾傷：因空隙開合不當造成夾傷，如舞台升降機、搬運物品、舞台機械設施、門或鐵捲門等之運動或開合。 7.擦傷：因水或油漬，或特殊藥劑造成地面濕滑，造成人員滑倒而擦傷。	表演舞台區、後台
音響傷害	1.長期在高分貝聲音下造成傷害。 2.突然大音量造成傷害。	表演舞台區
煙霧傷害	1.使用二氧化碳製造特效，造成空氣含氧量過低。 2.化學煙霧的傷害。	表演舞台區、後台

　　分析劇場意外傷害原因包含下列幾點：

　　1.劇場建築老舊：由於台灣劇場建築老舊及缺乏管理，包含設備保養不確實，年久失修，例如：電線老舊引起短路造成火災；而老舊的劇場因為照明不足，都會使技術人員受到傷害。

　　2.缺乏專業訓練：台灣劇場環境發展不成熟，劇場技術人員缺乏專業的訓練，導致劇場技術人員技術不足。當使用舞台特效器具，例如：燒煙機、煙火、爆破或化學藥劑等有火源的器具，使用者如果技術不熟練，便會導致許多意外的

傷害。

3.人為使用疏忽：劇場中機械的控制，例如：佈景的移動未按程序；或是配重不當，例如重鐵平衡式吊具系統配重不當；維修機械、電器未按安全程序，使用不當的工具。以上都會造成技術人員在劇場中受到傷害。

4.技術設計不當：劇場建築結構，例如：貓道、燈光桿、吊具系統等結構設計不當或是景片道具設計不良，沒有一定的安全係數，導致意外的發生，技術人員在劇場中受到傷害。

5.裝台時間緊迫：表演團體進入劇場裝台時間，比較大的製作 2-3 天，比較小的製作 1-2 天，而且必須包含技術彩排及總彩排，為了可以多一點時間，留給舞台設計師調整適當佈景道具位置、燈光設計師設定適當燈光畫面、音響設計師調整適當聲音品質，所以技術人員裝台時間總是非常緊迫，在時間壓縮情況下，技術人員只要沒有全神貫注，就容易發生危險。[4]

在英國甚至訂定劇院法，劇場必需落實核對安全清單包含：

（一）公眾很有可能所使用的初級照明設備，所有的區域、走廊、樓梯等處，提供照明安全標準。

（二）次級照明設備，在出現主要電力供應停止狀況下疏散觀眾時，提供足夠的光源。

---

4 白志煌《台灣當代劇場技術人員組織與培訓之研究》，民國 92 年 1 月，中國文化大學藝術研究所碩士論文，頁 12。

（三）訂出值班服務人員的最低數，服務員年齡不要低於十六歲，身上要穿著與眾不同的服裝或者戴有象袖這樣的標誌。

（四）所有的逃生門都要標記清晰。

（五）所有通道、樓梯等觀眾進出的地方，必需保持暢通。

（六）所有樓梯台階的邊緣都要用油漆或其他的手段弄的醒目。

（七）座位間的通道不要窄於 1.1 公尺。

（八）座間走道不要小於 30 公分。

（九）座位一般固定在地板上，把它們連在一起組成固定座位也可以。

（十）規定站票觀眾的數目和位置。

（十一）由消防機構推薦的消防用具的類型、數目和存放，要便於操作和隨時使用。

（十二）所有的工作人員必需能操作消防器材。[5]

藉由過去慘痛的經驗，因此在工作之時就必須特別小心，劇院管理者在演出團體進入劇場工作時必須提醒，而演出團體對於所屬工作人員在工作時也要特別留意，時時刻刻小心就是劇場安全的最大保障。

由於危機無法完全避免，因此就緊急意外事件可能發生

---

5 JOHN PICK《ART ADMINSTRATION & THEATRE ADMINSTRATION》約翰皮克《藝術管理與劇場管理》甄悅 譯 中國戲劇出版社 1988 年，頁 387-388。

的情況，如颱風、地震、火災、爆炸、群眾事件擬定緊急應變計畫，並進行演練，如此可以將傷害降到最低，維護觀眾、演出團體、劇場本身最大的權益：

一、颱風：

在擬定計畫方面，如學術交流基金會出版之《縣市文化中心劇場管理手冊》中，提及颱風的緊急措施計有：

（一）檢查所有室外排水溝，確定其暢通無阻。

（二）檢修門窗以防損失，以木條或膠布將玻璃覆蓋。

（三）將所有盆景移至室內，存放在不阻礙緊急出口安全處。

（四）固定所有會被強風吹落或吹破的燈光裝置，特別是吊燈。

（五）固定所有雕像、戶外藝術品、腳踏車棚、長條椅等一些可能在強風中四處飛揚的物體。

（六）準備手電筒和多餘的燈泡、電池。

（七）檢查輕便的手電筒，準備多餘的電池。

（八）檢查易燃物如瓦斯桶、油漆或清潔劑。

（九）拔下所有不需要的電器插頭。

（十）用塑膠片將燈光和音響控制台蓋好，以免屋頂或牆壁漏水。

（十一）檢查從地下室抽水用的抽水幫浦。

（十二）檢查所有紙張物品、庫存品及儲藏室防水或暴

風雨可能造成災害。[6]

在國立中正文化中心防颱措施方面，相關部門須執行下列工作：

（一）節目部門聯繫演出團體是否繼續演出。

（二）行銷部門發布是否正常演出訊息。

（三）演出技術部門巡檢舞台上方之排煙窗及相關設備。

（四）安全組準備置放防水閘門以防淹水。

（五）工務部門則檢查排水馬達是否正常，同時檢視所有的戶外設備是否需固定及安全。

二、地震：

而在遇到地震時，在學術交流基金會出版之《縣市文化中心劇場管理手冊》中，提及地震緊急措施計有：

（一）地震時如果您在後台，必須遠離儲放的斜台、堆積平台，以及載重的懸吊系統。

（二）前台工作人員應安撫觀眾，舞台監督應向觀眾說明。

（三）帶位員是安定主要力量，所以應事先接受訓練，能對觀眾用鎮靜、平穩的語調安撫觀眾，決不可是驚嚇恐懼的語調，立刻迅速將觀眾疏散。

（四）要檢查所有機械設施如懸吊系統、緊急出口、電梯、升降機等是否有龜裂或脫軌現象。

---

6 富臉命、陳錦誠編著《縣市文化中心劇場管理手冊》，學術交流基金會出版，頁 48。

（五）檢查建築物是否有漏水，所有燈具固定裝置和吊具都應仔細檢查。[7]

在國立中正文化中心防震措施方面，相關部門須執行下列工作：

預防部分：

（一）工務部門在預防方面檢查重要設備及管線的支撐，嚴禁任意鑽洞及破壞結構的情事，並請建築結構顧問定期評估檢查。

（二）管理部門留意物品堆置儲放不宜過高並加以固定。

（三）定期舉辦防震教育安全講座及急救訓練。

應變的部分：

（一）工務部門若發現設備故障或管線斷裂，先作緊急處置及災區隔離，並切斷水源、電源，避免災情擴大。

（二）若發生停電，緊急啟動備用電力並巡檢機房、電梯及戶外設備。

（三）演出技術部門疏散所有演出及技術人員至安全地點。

（四）觀眾服務部門疏散所有觀眾並搶救傷患。

三、火災：

而當遇到火災時，在學術交流基金會出版之《縣市文化中心劇場管理手冊》中，提及火災緊急措施計有：

---

7 富臉命、陳錦誠編著《縣市文化中心劇場管理手冊》，學術交流基金會出版，頁50。

舞台監督應迅速而有效執行以下工作：

（一）通知前台主任失火，採取疏散觀眾離開建築物措施。

（二）停止演出。

（三）要工作人員降下防火幕。

（四）面對觀眾宣佈火災撤離。

（五）對所有化裝室宣佈撤離建築物，且告知失火位置，以免誤入火區。

（六）幫忙引導台上的演員和工作人員從最近出口到事先指定集合點。

（七）總而言之，救命是刻不容緩的行動，如果火勢蔓延迅速，下令所有後台人員儘速撤離建築物。

前台主任必須執行的工作：

（一）前台主任通知當地消防隊。

（二）對觀眾宣佈後，前台工作人員協助觀眾從最近的安全出口離開劇場。

（三）當帶位員負責的觀眾席已疏散完，帶位員應隨觀眾離開去平息觀眾，維持秩序。

（四）前台主任和查票員應查看廁所、走廊及其他地方，是否仍有其他職員和迷路的觀眾。[8]

在國立中正文化中心防火措施方面，相關部門須執行下列工作：

---

8 富臉命、陳錦誠編著《縣市文化中心劇場管理手冊》，學術交流基金會出版，頁47。

預防部分：

（一）走廊、樓梯間、更衣室、電腦室、電氣機房、危險物品設施之週遭及倉庫等嚴禁吸煙。

（二）除廚房外，任何地點未經允許嚴禁火源。

（三）從事下列行為應事先報備取得許可後，始得進行：

1.指定場所以外之吸煙及火源使用。

2.各種用火用電設備器具之設置或變更時。

3.各種慶祝活動必須用火用電或臨時使用火源。

4.危險物品之貯藏、處理，及其種類及數量之變更時。

5.進行施工時。

（四）用火用電時之應遵守事項：

1.使用電熱器等火源設備，不得在指定地點以外之場所進行。

2.用火用電設備器具之使用，應事先檢查，並應確認使用時周遭無易燃物品。使用完畢後，應加以檢查確認其是否處於安全狀況，並置放於適當之安全場所。

（五）為確保防火避難設施之機能運作正常，所有出入人員應遵守下列事項：

1.安全門等緊急出口、走廊、樓梯間及避難通道等避難設施不得擺放物品，以避免造成避難障礙。

2.應確保逃生避難時，樓地板無容易滑倒或牽絆避難人員之情形。

3.作為緊急出口之安全門，應容易開啟，並確保走廊及

樓梯間之寬度能容納避難人員。

（六）為防止火災擴大延燒，並確保消防活動能有效進行之防火設施安全門經常保持關閉，並避免放置物品導致影響其關閉之情形，同時安全門周遭不得放置容易延燒之可燃物。

應變部分：

（一）當火警自動警報設備之受信總機，顯示火災時，有關人員至現場確認時以緊急電話或通訊工具，確定狀況並回報中控室。

（二）確認火災後，自衛消防編組之通報班等有關人員，立即向消防隊（119）通報，同時向自衛消防隊長報告，並使用室內廣播引導建築內部人員，採取必要之救災逃生措施。

（三）自衛消防隊之滅火班人員，以滅火器或室內消防栓，實施初期滅火。

（四）避難引導人員使用手提擴音機、手電筒、哨子等器具引導所有人員逃生。

（五）救護班對傷患進行緊急救護，並迅速將傷患運送至醫院做適當處理。

有關國立中正文化中心消防防護計畫請見附錄三而理查‧史奈德與瑪麗.福特合著《劇場管理手冊》一書中，提及預防火災必須檢查的項目有：

1.火警的警報系統必須靠近舞台能迅速啟動。

2.火警的警報系統必須長年保持正常運作。

3.檢查逃生門及逃生樓梯保持暢通。

4.檢查舞台防火幕是否正常。

5.所有消防門是否正常。

6.所有滅火設備是否正常。

7.自動灑水系統是否正常。

8.舞台天窗是否正常。

9.檢查劇場每一部分，特別是後台避免堆積物品或垃圾，保持通道暢通。

10.在演出期間舞台上所有的門都必須關閉。

11.後台嚴禁吸菸。

12.當舞台上有危險易燃的物品，必須準備充足的滅火器。

13.當緊急事件發生時，觀眾有驚恐的狀況，前台必須有專人處理。

14.每一場演出前要檢查前台所有的部分，通道不能有障礙物，並嚴禁通道有觀眾站著觀賞。

15.演出結束後確保進入升降舞台的門已經關閉。

16.空調系統確保空氣的新鮮。

17.滅火器內的藥劑要保持有效。[9]

四、爆炸：

在國立中正文化中心防爆措施方面，相關部門須執行下列工作：

---

9 RICHARD SCHNEIDER & MARY JO FORD, THEATER MANAGEMENT HANDBOOK PUBLISHED BY BETTERARY BOOKS P218.

　　預防部分：

　　（一）凡中心舞台區域及重要機房等地，非工作人員禁止進入，如於上述地點發現可疑物品應加以辨識，並通知安全組。

　　（二）安全組應對各區域進行巡邏，對可疑物品應加以檢識。

　　（三）清潔公司人員在清潔時注意發現可疑物品。

　　（四）前台人員演出前須對前台區域進行檢查，如發現觀眾攜帶可疑物品應要求打開檢視，必要時通知安全組。

　　（五）邀請防爆專家對員工講解如何處理爆裂物基本知識。

　　應變部分：

　　（一）本中心各組室人員如接獲暴徒以爆炸物威脅本中心訊息時，即刻通知督勤人員及安全組。

　　（二）督勤人員及安全事務組應即刻報告 藝術總監進行研判其真偽，並採必要措施。

　　（三）督勤人員及安全事務組應即刻通知警察局，請其協助搜檢及處理爆裂物。

　　（四）一般公務時間，安全事務組駐警隊應視需要請總機即刻以播音系統告知兩廳院同仁做緊急疏散工作。

　　（五）督勤時間，督勤官視研判結果或警方指示，即刻告知前台督導安排觀眾疏 散、打開門窗等事宜，並告知後台舞台監督安排演員疏散事宜，有關節目停演則依本中心

「節目緊急停演處理要點」安排，為避免觀眾恐慌，舞台監督應以適當理由宣佈取消演出。

（六）非公務又非督勤時間，即刻告知本中心安全事務組，依其指示採必要措施，駐警隊與機電組值班人員應集結待命，等待警方專業人員到達後，協同配合尋找爆裂物。

（七）如爆裂物在無預警情況下引爆產生火災，則依火災防救方案處理。

（八）如爆裂物爆炸引起人員傷亡，應即通報警方，業務推廣部醫護人員應設立臨時急救站，駐警隊及前台服務人員應協助傷患救助工作。

有了計畫最重要還是演練，才能發揮實際效能，因此以國立中正文化中心為例，定期都會舉行實際演練，執行項目包含有：

一、員工緊急逃生：所有員工在發生緊急災變同時又遇到斷電的情況，必須在漆黑的劇場能迅速找到逃生出口，到達指定地點。

二、引領觀眾逃生：前台所有服務人員必須熟悉前台環境及逃生梯，在發生緊急災變時，能在斷電無照明的情況下帶領觀眾逃生。

三、引領演出人員逃生：劇場後台所有技術人員必須熟悉後台環境及逃生梯，在發生緊急災變時，帶領演出人員逃生。

四、操作消防滅火器材：萬一因災變而引發火災，第一時間的滅火時機必藉靠劇場工作人員，因此劇場每位員工都

必須會使用消防器材，才能防止災變進一步的擴大。相關演練計畫如附錄四。

　　由於遇到緊急意外事故可能會影響到演出，因此演出是否繼續，必須要有因應的辦法，以國立中正文化中心為例就訂有緊急停演的要點，該要點內容包含各階段處理原則：依緊急情況可能發生之時間分為演出前、中、後三階段。

　　（一）演出前

　　1.演出前係指節目演出當天之開演前。

　　2.緊急事件發生於上班時間（八時三十分至十七時三十分），應由事故發生部門主管或其所屬，依本中心核決權限辦法處置，並呈報藝術總監。緊急事件發生於下班時間至節目開演前，則應由事故發生部門主管或其所屬，依督勤人員設置要點向督勤人員報告，由其指揮處理。

　　3.演出前如遇緊急事件須召開會議討論，應由事故發生部門主管或其所屬向藝術總監或督勤人員報告由其召集會議。

　　4.廣播稿及公告內容應經本中心督勤人員認可，由本中心相關執行人員對觀眾宣佈。

　　（二）演出中

　　1.演出中係指節目演出開始至結束。

　　2.演出中如遇緊急事件暫停演出，本中心演出技術部統籌舞監應以廣播稿告知觀眾。

　　3.演出中如需進行緊急討論，參與人員得由主辦單位以及本中心當日督勤人員、演出技術部統籌舞監、業務推廣部

前台小組長、節目企劃部承辦人、演出單位與本中心其他相關部室人員。

4.決定取消演出時，應對觀眾作第二次廣播，廣播稿或公告內容應經本中心督勤人員認可，由本中心相關人員執行對觀眾宣佈。

5.處理內容分「暫停」、「恢復」、「取消」：

暫停：

（1）本中心演出技術部統籌舞監負責聯絡督勤人員、主辦單位、演出單位及本中心相關單位配合（含急救、安全防護），並進入待命狀態。

（2）暫停內容及方式由上述相關人員協議之。

（3）協議結果由本中心演出技術部利用廣播系統（涵蓋前台區域）對觀眾宣佈暫停原因及時間等事項。

（4）必要時由本中心業務推廣部前台小組長及行政管理部安全事務組負責疏散觀眾，演出技術部及安全事務組負責疏散演出及其他工作人員。

恢復：

（1）暫停情況解除時，應由本中心督勤人員確認可恢復演出後，由演出技術部統籌舞監利用廣播系統（涵蓋前台區域）對觀眾宣佈恢復演出。

（2）由本中心業務推廣部前台小組長、演出技術部及安全事務組等相關工作人員，各依其業務範圍，引領觀眾及演出人員各就其位。

（3）節目恢復演出之始點，得由本中心演出技術部逕

洽主辦單位以及演出單位決定。並由本中心督勤人員負責通知各相關單位（前台、安全事務組、停車場、工務部），以便配合延長及其他相關作業。

取消：

（1）暫停情況無法排除時，應由本中心督勤人員確認後，通知主辦單位、演出單位及本中心其他相關工作人員（統籌舞監、前台、停車場、安全事務組、工務部等）。

（2）由本中心演出技術部統籌舞監利用廣播系統（涵蓋前台區域）對觀眾宣佈演出取消及相關補救措施。

（3）本中心各部室應依其業務範圍，於接獲督勤人員通知時，疏散觀眾、演出人員及其他工作人員。

（4）必要時疏散本中心其他工作人員。

（三）演出後：

1.演出後係指節目演出結束後至演出人員及所有相關工作人員離開兩廳院止。

2.此期間發生事故者應由本中心演出技術部、業務推廣部、安全事務組、及相關單位依其業務及職責進行安全疏散。

例如民國九十一年三月三十一日下午大陸遼寧歌劇院在國家劇院演出時，就遇到大地震，演出立刻暫停，督勤官就請相關工作人員了解設備受損情況，由於舞台相關設備正常，僅劇院大廳水晶吊燈小部分破損，而演出團體也願意繼續演出，因此督勤官決定繼續演出，但同意不願意繼續觀賞的觀眾全額退票。

第三章　劇場保險

第一節　劇場保險重要性

　　由於劇場過去發生過許多悲慘的事件，包含埃及劇院大火、周凱從調燈梯墜落等，雖然可以從預先防範危機方法著手，但是仍然不可能完全避免，因此一旦發生，財產損失、身體救治都需要大筆的經費，因此劇場保險有其必要性。

　　而國內劇場技術人員並無工會組織，加上許多工作都是臨時性質，多為某場演出而聚合，短短工作時間，經常會忽略保險的部分，一旦發生意外，也就難以彌補，例如有一位剛從學校畢業同學，缺乏劇場舞台工作經驗，就參與○○音樂劇演出的佈景執行工作，結果不慎被劇院升降舞台壓傷腳，由於並沒有勞保也沒有辦理雇主意外險，因此無法辦理理賠，僅靠劇院的公共意外責任險及健保支付部分的費用，而休養半年沒有工作，其損失相當可觀。除人員外，劇場有許多重要的設備及建築資產，其金額是相當龐大，而資產的部分也會受到地震火災或人為的破壞，如地震造成劇院水晶吊燈的掉落、配電盤故障引發劇院空調機房的火災等，這些

都造成資產的損失，因爲有辦理保險，所以獲得理賠減少財產的損失。

　　所以不論從事劇場工作的個人、演出團體、舞台燈光技術公司、劇場等都應辦理保險，來到劇場時，所有的人不論是觀眾、遊客及劇場工作者都能獲得最好的保障。

第二節　劇場保險的種類

　　保險的種類很多，對於從事劇場工作的團體或人員，如何選擇自己最需要的保險就非常重要，有些保險政府有頒布法令必須執行，有些保險則可依經費的狀況斟酌處理：

　　一、勞工保險：不論劇場、演出團體、舞台技術公司等工作人員，都必須投保勞工保險，因爲那是最基本的保險，保費少但保障大，依據行政院勞工委員會九十九年一月四日頒布的新法令，自九十九年三月一日起藝文業適用勞動基準法，享有勞動基本工資及勞工保險的保障，有勞工保險，如果發生受傷或死亡事件可享有下列保障：

　　1.因傷害或疾病住院治療，無法取得薪資者，自第四日起發給傷害或疾病補助費。

　　2.住院治療自費僅百分之五，其餘由勞保給付。

　　3.治療後仍然失能，勞保會給予失能給付。

　　4.死亡者可獲得喪葬津貼及死亡補償金。

　　此項法令的訂定，特別對於演出團體演出技術人員有很

大的幫助，因為在過去他們的工作危險，受傷機率高但保障
卻很少，如有受傷通常自己還要擔負醫療費用，如今有勞保
的保障，工作起來會更安心，其他更詳盡勞工保險權益詳如
勞工保險條例實施細則。見附錄五。

　　二、公共意外責任險：政府為了加強公共場所之安全，
各縣市政府強制規定公共使用營利事業場所建築物所有權人
或使用人必須投保公共意外責任險，其承保範圍為因意外事
故導致第三人體傷、死亡、或第三人財物損害，保險公司將
負擔賠償責任，而其最低保險金額如下：

　　1.每一個人身體傷亡新台幣 200 萬元。

　　2.每一事故身體傷亡新台幣 1000 萬元。

　　3.每一事故財產損失新台幣 200 萬元。

　　4.保險期間總保險金額新台幣 2400 萬元。

　　因此不論觀眾、遊客、演出人員、技術人員只要在劇場
管轄範圍內，發生意外事件都可以獲得理賠，來加強保障。
以國立中正文化中心為例，過去發生在觀眾席爬樓梯摔傷意
外的觀眾及不慎摔入樂池受傷的副導演，都因為此項保險而
獲得理賠。

　　三、雇主意外責任險：雇主依據勞動基準法第 59 條之
規定，對於職業災害應負補償責任，而勞、健保及團保，無
法充份填補雇主侵權行為賠償責任。因此，仍需雇主意外責
任保險來填補雇主對受僱員工之賠償責任。雇主意外責任保
險之承保範圍：

　　1.被保險人之受僱人在保險期間內因執行職務發生意外

事故遭受體傷或死亡，依法應由被保險人負責賠償而受賠償請求時，保險公司對被保險人負賠償之責。保險公司依前項對被保險人所負之體傷賠償責任，除本保險單另有約定，以超過勞工保險條例、公務人員保險法或軍人保險條例之給付部份為限。

2.本保險單所稱之「受僱人」係指在一定或不定之期限內，接受被保險人給付之薪津工資而服勞務年滿十五歲之人而言。

此項保險不論就劇場本身或演出團體都應參加此項保險，以確保其工作人員或演出人員，在危險度高的劇場中工作，有多一層的保障。

四、團體意外傷害險：劇場或演出團體為了其成員的安全，可辦理團體意外傷害險，其保險範圍為契約有效期間，其成員遭受意外傷害事故，致其身體遭受傷害而致殘廢或死亡，均給付保險金，但疾病引發的事故不在理賠範圍。

由於此項保險係團體投保，因此保費低廉，但對劇場或演出團體其成員的安全又再增加一層保障。

五、商業火險：劇場由於擁有建築物及設備，為了避免火災、地震、颱風等災害帶來的財務損失，因此必須投保商業火險及附加險，其保險範圍包含不動產及動產，至於附加險的部分，可以考慮加保計有地震險、颱風及洪水險、竊盜險等。

至於保險公司還有許多人壽險、防癌險、失能險等等，在劇場工作的個人則可依自身家庭及財務能力的狀況，搭配

適當的保險，畢竟保險是用最少的金錢獲得更大的保障，因此有關保險的定時檢視及調整有其必要性。

第三節　劇場保險事件的處理

　　當劇場意外事件發生時，可能會需要劇場保險理賠，而其處理的流程詳如下述，首先要問受傷者是否需要醫療？如果傷勢嚴重就必須聯繫救護車送往醫院，傷勢輕微則可搭計程車前往，而劇院安排有醫護人員值班的話，則可交由醫護人員來判斷，當然劇院最好安排人員陪同傷者前往醫院協助處理相關事務，在醫院時則可留下受傷者及其家屬的電話，進行後續協調理賠時的聯繫使用，劇院行政人員則需聯繫保險公司填寫出險單，然後進行後續事故責任調查的工作，而受傷者則持續治療，劇院客服部門必須定期關心，待傷者完全康復及提出所有醫療單據及損失後，則請保險公司進行協調，確立雙方責任的分擔比例及簽署和解書後，保險公司進行撥款。

　　當然為使劇場及受傷者的傷害降到最低，在處理的必需留意下列事項：

　　一、傷者搬運：救護車若無法抵達傷患旁，可立即要求救護人員攜帶器材（例如擔架）主動前往傷患處。切勿在不瞭解傷勢嚴重程度下，直接自行搬運傷患，可能造成傷者的病情加重。

二、就醫醫院的選擇：傷者可能有其他的疾病病歷在某家醫院，醫生比較容易掌握傷者的身體狀況，因此就醫醫院的選擇可由傷者本人或其家屬決定，如其本人或家屬無意見，則送距離最近聲譽最佳的醫院。

三、傷者的慰問：受傷者身心遭受極大的痛苦，劇場管理單位的關切就非常重要，因此必須派出代表慰問，如果傷勢嚴重者，更需定期前往慰問，保持良好的關係，以利後續賠償和解的順利。

四、意外責任的鑑定：劇場管理單位都會投保公共意外責任險，因此保險公司都會進行意外事件過程的了解，同時鑑定受傷者自行擔負的責任，以作為協商理賠的依據。

五、賠償經費的取得：受傷者賠償的經費通常需待受傷者完全康復後才能確立，畢竟保險公司必須準確計算受傷者在醫療過程中所有的花費，因此受傷者必須保存所有支出費用的單據，以做為協商理賠的重要依據。

第四章 結 論

　　由第一章劇場意外事件實際發生的案例來看，劇場的確是個危險的地方，小小的疏忽輕則受傷，重則死亡，因此不得不慎，就對象而言，凡是進入劇場範圍內不管是工作人員、演出人員、觀眾甚至遊客，都有可能發生意外，分析這些意外發生原因有下列幾項：

　　一、人為的疏忽：在劇場的工作人員、演出人員、觀眾甚至遊客都有可能因為體力、專注力不足等原因，而造成失誤引發意外，如演員手上的蠟燭燒到布幕引發大火、升降舞台夾傷演出人員、副導演摔入樂池受傷、燈光設計師調燈時摔落等。

　　二、設備故障：由於機器老舊或維護保養不佳，都有可能造成設備故障，進而引發意外，如空調機房設備故障引發火災、燈光控制系統故障無法演出等。

　　三、設備設計不佳：劇場內的設備如果未從觀眾或工作人員角度去設計製造，很有可能造成受傷事件，如觀眾爬過陡階梯前往座位時跌落造成腿部骨折、電箱設置過低讓小朋友撞頭等。

　　四、管理不佳：擁有好的劇場設備及充足的工作人員，

但如果劇場管理經驗不足也會造成危機事件，如新疆劇場演出人員遇火災死傷、觀眾被演出使用的電線絆倒等。

五、外力意外：由於劇場可以短時間聚集許多民眾，因此很容易成為歹徒勒索的目標，如俄國劇院遭 40 名車臣武裝份子持槍闖入挾持觀眾、台北某大學劇場遭人謊報劇場內有炸彈等。

至於意外所造成的結果則有下列幾項：

一、死亡：調燈梯架上摔落腦死喪生、調燈由天花板墜地昏迷後死亡、拆佈景景片墜落致頭部及胸部重創後死亡、發生火災燒死等。

二、重傷：摔入樂池骨盆碎裂、調燈梯傾倒摔落致右眼失焦左手及左腳麻痺癱瘓、佈景拆下吊桿飛起致手臂斷裂及胰臟破裂等。

三、輕傷：下樓梯時跌倒扭傷腳踝、樂團的團員未留意被升降舞台夾傷腳、小朋友撞及電器箱致頭額撕裂傷等。

四、財產損失：火災造成劇場全毀需要之重建費用、空調設備遇火災損壞修復之費用、燈光控制系統故障重購之費用等。

人員不論受傷或者死亡，劇場管理單位都必須善盡關心慰問及協助向保險公司求償，以國立中正文化中心發生意外事件案例，其後續處理情形如下：

案　　例	處理情形	備註
陳小弟與媽媽行經地下停車場出入車道，不慎撞及設於壁面的電器箱，致使頭額處撕裂傷。	由於媽媽為護理人員自行處理，客服主管致電道歉。	
觀眾於音樂廳觀眾席 4 樓階梯處，不慎翻落造成骨折。	慰問及協調保險公司理賠。	
遊客行經戲劇院 1 號門無障礙斜坡跌倒，造成身體不適、頭痛。	慰問及協調保險公司理賠。	
遊客經戲劇院公共區域於階梯處，因照明不足而跌倒，造成腳踝扭傷。	慰問及協調保險公司理賠。	
一名年約 4-5 歲小男孩，因赤腳踩到音樂廳迴廊展車地面之投射照明，致使腳底燙傷。	護士前來處理並提供冰敷，後由其家屬帶回。	
音樂廳 2 樓觀眾席後方的吸音板倒下，打到觀眾頭部。	護士給予冰敷，觀眾下半場即於廳外看轉播。結束後前台督導留下觀眾連絡電話，並請其若有不適應就醫，並將繼續與其連絡以觀察後續身體狀況。	
演奏廳觀眾於下樓梯時跌倒扭傷腳踝。	散場後由前台督導、護士陪同她至台大醫院掛急診就醫，並支付醫藥費。	
戲劇院晚場演出，有一名觀眾不慎被大中至正門之拒馬鐵鍊絆倒，致顏面受創。	經護士做傷口處理後進場欣賞演出，在中場休息時，表示身體非常不適，經護士陪同至台大醫院急診，後續保險公司理賠。	
國家戲劇院演出團體進行調燈，副導演要與正在觀眾席內的導演溝通，一時忘記樂池已降下，左腳踩空摔落樂池。送台大醫院急診室因骨盆大骨髖關節斷裂，需換人工關節。	送台大醫院急診室因骨盆大骨髖關節斷裂，更換人工關節，劇院持續至其家中慰問，並請保險公司理賠。	

由於意外的無法避免，因此更凸顯保險的重要性，所以劇場、演出團體及其工作人員都必須要有保險，在個人的部分務必參加勞工保險，如果個人財力允許，必須加保人壽及意外險，至於演出團體的部分，則可加保雇主意外責任險及團體的意外險，而在劇場的部分則必須有勞工保險、公共意外責任險、雇主意外責任險、商業火險及地震等附加條款，以因應各種意外發生時，降低金錢及財務的損失。

減少意外發生最重要還是要執行維護劇場安全的方法，事實上國外劇院的運作，對於劇場安全非常的重視，在理查.史奈德與瑪麗.福特合著的《劇場管理手冊》一書中，就提及劇場安全檢查項目：

所有地方：

1.確保停電時不斷電照明系統能夠啟動。

2.滅火器必須注意效期及滅火器都能順手取得。

大廳：

3.大廳地毯鬆弛或不平坦容易造成觀眾絆倒的危險。

4.大廳菸灰缸不足。

5.置放於女性盥洗室旁之冰箱必須移除。

6.沒有政府的許可不要在前台販賣食物。

7.前後台的通話系統必須保持暢通。

觀眾席：

8.部分的安全欄杆可以指引觀眾迅速逃生。

9.內部逃生標示必須正確。

10.部分觀眾席如果放置佈景服裝等物品，容易吸引小

孩反而造成危險。

11.定時維護觀眾席的整潔及垃圾清除。

12.樓梯邊角必須以白油漆顯示，而樓梯必須鋪地毯。

13.未固定的電線穿越觀眾席，容易造成觀眾的危險。

舞台：

14.注意演員上下台樓梯的安全。

15.注意舞台上方屋頂不能漏水，很容易造成燈光設備受損。

16.舞台電力系統必須定時檢查。

17.佈景置放如果妨礙防火門的運作，該佈景必須移往他處置放。

18.易燃物品存放需注意安全。

19.避免佈景打壞通風口。

20.舞台用電避免過量。

21.電線置放的位置是否妥適。

22.定期維護舞台電箱的安全。

23.安排吸菸合適地點。

24.後臺需設置禁止吸菸標示。

25.舞台家具置放不能擋住逃生門。

26 佈景懸掛的裝置與拆卸要注意安全。

27.所有佈景懸掛需注意重量的負荷。

化妝室：

28.淋浴間必須裝有防滑膠帶或淋浴地墊。

29.淋浴間不能有裸露在外的燈泡。

舞台下方：

30.樂池內的地墊必須固定避免凸起，而絆倒演出人員。

31.舞台下方必須定時清掃整理。

32.需留意橫越舞台下方的排水管，容易造成絆倒的危險。

戶外：

33.後台演出人員出口要保持暢通，不要有消防栓的阻擋。

34.戶外逃生欄杆的高度必須達到 42 英吋。

35.戶外垃圾箱不能擋住演出人員逃生動線。

36.逃生門外必須有充足的照明。

37.停車場必須保持充足的照明。

節目演出時：

38.堆積不用的節目單在通道上，容易引發絆倒觀眾的危險。

39.觀眾不可坐在包廂旁的樓梯上。

40.殘障人士的枴杖不能留在通道上，容易引發絆倒觀眾的危險。

41.在觀眾席內的領位人員必須有手電筒。

42.音響使用的臨時電線不可放置在觀眾的通道上。

43.逃生門旁必須安排有領位服務人員。

44.音響使用的設備不可擋住逃生門。

45.逃生門需運作正常。[1]

同時也提及當緊急事件發生時，其不同的狀況，而其處理程序如下：

A.醫療事件

當醫療緊急事件發生時必需立即通知舞台監督及劇場經理，同時掌握下列資訊：

1.醫療緊急事件的時間及位置。

2.多少受傷人數。

3.受傷程度。

4.如果有人昏倒，其周遭環境如何？

B.停電

因停電照明、空調、電梯等無法運作時：

1.先關掉所有開關，防止突然復電造成器材的損壞，也可防止火災。

2 掌握停電的充分的訊息，如果時間過長，必須執行疏散計畫。

C.火警

1.火警發生時趕快通知前台經理及舞台監督。

2.發現火源警鈴響起，需確認消防部門是否已經連線知道。

3.火無論大小都必須立即通報。

4.發現火源需立刻關閉電源及關閉所有的門，以防止火

---

1 RICHARD SCHNEIDER & MARY JO FORD, THEATER MANGEMENT HANDBOOK PUBLISHED BY BETTERARY BOOKS P218.

的擴散。

5.執行劇場緊急事件疏散計畫

D.疏散提示

1.熟悉自己緊急事件逃生流程。

2.多熟悉幾個不同的逃生動線。

3.當緊急事件發生需要疏散時，在你工作的區域要關閉電源及緊閉門窗，並通知同一工作區域的夥伴一起疏散。

4.離開辦公室前將現金及重要的財物帶走。

5.當離開劇場進入等待的區域，必需看管好緊急事件所需的設備。

6.生命重於一切，如果逃生時忘記有物品需要拿時，千萬不要再返回。

7.當疏散指示下達時，表示緊急事件的危急，爲了安全千萬不要再遲延，必須立刻疏散。[2]

而約翰 皮克在其《藝術管理與劇院管理》一書中也提及實施安全措施的三步驟：

一、消除所有潛在的危險根源，不讓可以預見的事故出現。

二、用各種方法限制突如其來的災禍產生的影響。

三、有秩序的把所有人從建築物疏散出去。

同時也需特別注意下列幾點：

1.發生緊急狀況時對值班人員的分派。

---

2 RICHARD SCHNEIDER & MARY JO FORD, THEATER MANGEMENT HANDBOOK PUBLISHED BY BETTERARY BOOKS P223.

2.向演出團體通報緊急狀況處理程序。

3.每天檢查建築物及設備避免對公眾造成危害。

4.定期檢查消防用具,是否都維修過且放置在適當位置,以及全體工作人員是否都熟悉操作程序。

5.每晚鎖門前進行檢查,保證消防措施及安全設置整夜運作正常。

6.保證急救箱裝滿急救品,事故紀錄簿保存良好。

7.舞台部門主管要落實消防規定,尤其在吸菸及使用火的部分。[3]

國外劇場如此重視劇場安全,而國內劇場也應學習其經驗,必須落實執行下列工作,如此才能減少意外事件發生:

一、實施督勤制度,以持續不斷的檢查,防範可能發生的問題。

二、設備的巡檢及正常運作維護,避免因設備問題危及劇場安全。

三、危險狀況預先防範及演練,讓劇場工作人員都能熟悉各種危險狀況,並迅速做出正確的處置。

---

3 JOHN PICK《ART ADMINSTRATION & THEATRE ADMINSTRATION》約翰 皮克著 甄悅譯《藝術管理與劇院管理》中國戲劇出版社,1988年 9 月。

附錄一　國立中正文化中心督勤人員設置要點

一、為維持本中心正常運作並配合節目演出及廣場活動之需求，以處理辦公時間以外各種狀況，特訂定本要點。

二、本中心督勤人員由相關部室組長級以上主管輪流擔任；每月由人事單位編排次月份督勤表。

三、督勤時間

（一）平日（週一至週五）：正常下班時間至節目演出或廣場活動結束。

（二）例假日（週六、週日及假日）：若該日僅早、午或晚場乙場節目演出，應於節目開演前一小時到勤，至節目演出或廣場活動結束。

（三）例假日（週六、週日及假日）：若該日有早、午或晚場二場以上節目演出，應於節目開演前一小時到勤，至節目演出或廣場活動結束。

（四）無節目演出及前列時間以外之督勤職責由安全事務組當日值班幹部接替。

四、督勤人員之職責

（一）督導各單位值日（勤）人員。

（二）緊急災害或臨時狀況發生時，指揮有關單位或人員適時加以處理。

（三）長官或重要來賓之接待。

（四）其他臨時有關之事項。

五、督勤人員工作規範

（一）督勤人員請配戴識別證或職員證；並請業務推廣部協助點、義工認識督勤人員，以利執行勤務。

（二）督勤人員在節目開演前請確實至各定點巡邏，如前台、迴廊等重要區域，並落實劇場安全檢查，節目開演後十五分鐘可回到辦公室或定點值勤，並電話告知勤務中心（分機九五九五），以便連絡。

（三）督勤人員不可進入觀眾席觀賞節目。

（四）為確保督勤問題記錄之完整性，將採演出期間各重要業務執行人員回報制度，在演出結束後，由前台各演出場地之小組長、舞台監督、工務值班人員、警衛小隊長向督勤官報告當日執行業務狀況，如有異常請督勤官記錄，如係正常，僅需記錄回報者姓名即可，如業務執行人員未回報，督勤官需主動聯繫。

（五）節目結束，觀眾疏散完畢，督勤人員即可離勤，若再有任何臨時情形發生，轉請勤務中心（分機九五九五）安全事務組值班小隊長處理。

六、督勤人員遇有重大事件應即時處理，並儘速陳報藝術總監。

遇天然災害（人事行政局宣布停止上班）或緊急狀況造成節目取消時，該日原督勤人員不須到勤（解除督勤任務），改由安全事務組負責協調指揮。

七、督勤人員應每日填報「督勤工作紀錄單」（如附件一），陳藝術總監核閱。

八、輪值督勤人員臨時因故無法到勤時，應洽妥本要點第二點所列人員替代，且於正常上班日十七時前電話通知人事單位及安全事務組勤務中心更正，如遇假日須於節目開演前二小時通知安全事務組勤務中心更正，待上班日再通知人事單位更正。

九、督勤人員得酌予發給督勤費，督勤費標準以場次計，一場七五〇元；不支領督勤費者得選擇於次月底前補休。

十、督勤人員應備下列資料物品，由人事單位依規定提供並列入移交。

（一）本中心節目月大表。

（二）有關機關及人員聯絡一覽表。

（三）本中心緊急事故／處理辦法。

十一、本要點由本中心人力資源室訂定，經藝術總監核定後施行，修改時亦同。

附錄二　國立中正文化中心歷年督勤檢討報告

壹、九十三年督勤業務檢討報告

一、問題統計分析與對策：自 93 年 3 月開始實施，至本年 12 月底，共發現 1758 個問題，分析問題之發生大致分為十項：

（一）建築物自然損壞 ── 屋瓦損壞。

（二）設備及物品自然損壞 ── 燈光不亮。

（三）被蓄意破壞 ── 噴字。

（四）工程之廢棄物 ── 木板棄置停車位。

（五）清潔缺失 ── 停車位不潔。

（六）違規使用 ── 私接電源。

（七）不遵守規定 ── 逆向行車。

（八）遊民問題 ── 公園煮食物。

（九）工作方便造成問題 ── 東西棄置安全逃生梯。

（十）工作不夠細心造成問題 ── 電梯燈罩撞壞。

因應減少問題方法：針對經常發生問題之演出單位、工程單位、清潔公司已分別製作演出單位注意事項、工程單位注意事項、清潔公司注意事項，以圖文並茂方式，提醒其注意，同時也整理分析中心歷年來危機事件，交各部門參考運用。

二、督勤實施效益：

（一）服務水準之提昇：發現 1758 個問題，其各部門高度執行力進行改善，對於中心硬體設備、管理服務水準之提昇，已帶給來到中心之顧客有深刻的感受。

（二）發生提醒之作用：由於每日實施檢查，所有工作人員，包含委外的清潔、保全人員等工作時相對認真。

（三）預防危機之發生：由於督勤工作增列劇場安全之檢查，有助於預防危機之發生，如演出部漏鎖實驗劇場旁之劇場貓道、安全梯被雜物阻擋等。

（四）節省人力及經費支出：由於演出團體或施工單位不小心，經常會造成中心設備損壞，因此經由督勤慎密檢查，將減少此一狀況發生。

三、九十三年督勤業務改進計劃：

（一）中心網站設置督勤網頁：將每日督勤巡視資料放入，讓中心同仁共同參與，同時將過去督勤資料做一分類整理，讓同仁方便查閱。

（二）加強蒐集演出團體及觀眾意見：將抽樣以電話或現場方式訪談演出團體及觀眾之建議事項。

（三）督勤巡視內容加入成果展示：目前每日督勤巡視

資料偏重缺失的部分，事實上中心許多部門成果，應該讓全中心同仁了解。

（四）實施緊急應變之演練：配合休館進行遇火災及地震，同仁實際緊急應變處置之演練，以避免慌亂。

（五）督勤遇糾紛案例之整理：將過去糾紛案例，分類整理，提供各督勤官參考。

貳、九十四年督勤業務檢討報告

一、督勤問題改善成果統計：

執行組室及工作成果類別	數量（件）
工務部 —— 設施改善	319
行政部 —— 清潔改善及秩序設施等改善	325
業務部 —— 服務及設施改善	366
演出部 —— 服務及設施改善	152
節目部	54
其他部門業務改善	64
小　　計	1280

二、督勤問題分析：

（一）施工造成問題：施工造成觀眾進出動線不良、施工廢棄物未取走、油漆味影響演出人員等。

（二）新店家進駐後之問題：餐廳座位擋住逃生動線、原有標示設備被移除、○○餐廳漏水造成劇院變壓器故障停電問題、餐廳殘渣進入排水溝引起異味等。

（三）設備被偷竊：滅火器、掛旗鐵勾、照燈水晶球、消防警示燈等被竊走。

（四）設備被破壞：照壁燈被打破、宣傳旗桿被撞壞、吸音牆面被撞壞、廁所鏡子及馬桶蓋遭破壞、畫作遭污染、大廳木質裝潢遭破壞、颱風引起屋瓦花圃的破壞、生活廣場噴水頭破壞等。

（五）設備自然損壞：廣場地磚破裂、逃生燈不亮、水晶吊燈破裂、化妝室門損壞演員無法上台、演出鋼琴的損壞等。

（六）人為疏忽：車輛停在防火門下、安全梯吸煙、投影機及音響線的跳電、佈景道具撞壞天花、逆向行駛、撞壞空調箱等。

（七）蓄意破壞演出秩序：以鬧鐘干擾演出進行。

（八）廣場活動引發問題：發電機燃油外洩、廣場民眾進入公共區域行為不雅、未放置電線盒等。

（九）服務設備及人力等問題：觀眾摔傷、合唱團團員摔傷、舞台出現老鼠、身心障礙人士觀賞節目之困難、舞台竄音等問題。

三、演出團體及觀眾意見彙整：

（一）全劇台語發音觀眾聽不懂。

（二）演出內容和技巧不理想。

（三）中心附近鄰居抗議廣場演出聲音過大。

（四）停車場進入音樂廳地下室入口之坡道未設欄杆，身心障礙人士無法進入。

（五）演奏廳節目單售價太高。

（六）中心問卷字太小看不清楚。

（七）讚揚中心前台服務做的很好。

（八）前台播映宣傳影片，影響其節目。

（九）索取節目單數量不足。

（十）誠品書店聽不到攏場廣播。

（十一）節目長度時間不足。

（十二）節目單太貴。

（十三）實驗劇場應販售礦泉水。

（十四）觀眾到現場才知道無法欣賞演出。

（十五）○○中學學生觀賞節目秩序不好。

（十六）中心不應同意○○銀行使用音樂廳交誼廳，影響其贊助商。

（十七）因廣場活動車輛太多無停車位，無法欣賞節目演出。

（十八）節目說明太多且懷疑有未経評議通過的演出人員。

（十九）劇院觀眾席四樓階梯太陡，不適合兒童。

（二十）颱風有演出，觀眾無法前來應退票。

（二十一）音樂會因颱風取消，觀眾無法掌握訊息。

（二十二）演出內容太過貧乏。

四、重複發生待改善之問題：

（一）觀眾找不到正確入口。

（二）廣場地磚損壞問題。

（三）停車場逆向行駛。

（四）停車場停車位檔車磚磚塊撞壞及空調廂撞壞。

（五）停車場愛國東路機車位不足，機車違規停放。

（六）演出團體物品擋住消防廂。

五、督勤業務建議改善方案：

（一）兩廳院地形複雜且相關規定繁瑣，不管施工廠商或演出團體進駐前必須有相關清楚說明，特別是新的演出團體及廠商，以避免設備遭到無心的破壞。

（二）演出團體之用電必須有嚴格的規範及檢查，以避免跳電影響演出。

（三）設備應注意使用及維護期限，避免因設備問題影響到演出。

（四）觀眾及演出人員摔傷事件較往年為多，應妥善規劃防範機制。

（五）督勤網頁將新增其他劇場安全管理經驗資料，以避免重蹈覆轍。

參、九十五年督勤業務檢討報告

一、督勤問題改善成果統計：

執行組室及工作成果類別	數量（件）
工務部 ── 設施改善	57
行政部 ── 清潔改善及秩序設施等改善	48
業務部 ── 服務及設施改善	39
演出部 ── 服務及設施改善	15
其他部門業務改善	16
小　　　計	175

二、督勤問題分析：

（一）演出團體使用不當電器設備引起跳電,。

（二）駐店因用電過量引起跳電。

（三）廣場活動精神不正常男子刺傷觀眾事件。

（四）歌劇魅影吊燈未掉落事件。

（五）歌劇魅影佈景卡住和燈泡破裂事件。

（六）元宵燈會對中心設備及花圃造成破壞。

（七）音樂廳舞台上方出現異音。

（八）精神異常流浪漢餵食流浪狗。

（九）劇院演出時舞台因煙火發生火災事件。

（十）劇院舞台上方因偵煙管抽風機未潤滑，而產生異音。

（十一）屋瓦收縫泥掉落險擊中保全人員。

（十二）民眾在大中正門前之樹叢放置麵包餵食鴿子。

（十三）音樂廳前台照明因控制系統老舊產生突然熄滅的情形。

（十四）保全人員抓住偷單車之竊賊。

（十五）演出團體連夜拆台因中心停水而未關水龍頭，造成淹水。

（十六）○○演出團演出再次發生鬧鐘干擾事件。

（十七）管道間水管老舊破裂造成音樂廳側廳漏水。

（十八）劇院排練室演出團體將吃剩食物棄置容易造成鼠患。

（十九）音樂會演出觀眾抱怨停車位不足等問題.。

（二十）大中至正門下有持續抗議演講。

（二十一）吸食強力膠流浪漢滯留園區造成潛在危險。

（二十二）劇院三號門外污水持續流出。

（二十三）發電機房排煙口火災。

（二十四）劇院觀眾席有小石頭掉落。

（二十五）音樂廳森林區有人想上吊自殺。

（二十六）駐店漏水危及變電機房。

（二十七）抗議民眾對園區造成髒亂。

（二十八）購買票券觀眾認為與文宣不符要求退票。

（二十九）抗議活動園區實施管制，造成觀眾不便。

（三十）屋瓦施工吊車打壞音樂廳牆面排水龍頭。

（三十一）大理石施工觀眾反映異味。

（三十二）○○舞團首演因技術問題中場休息時間過久。

（三十三）劇院廁所馬桶遭人蓄意破壞。

（三十四）廣場活動之觀眾被煙火弄傷眼睛。

（三十五）外國男子在音樂廳裸奔。

（三十六）停車場車輛擦撞。

（三十七）廣場音樂會音樂低頻震動過強。

三、演出團體及觀眾意見彙整：

（一）音樂廳舞台上的管道孔蓋子沒有可以開啟的設備，必須使用起子將蓋子打開，很不方便。音樂廳主辦單位聘請之燈光錄影廠商建議中心應購買強力吸盤，以方便開啟蓋子。

（二）劇院販售節目單之價格過高。

（三）部分觀眾對於演出中吊燈沒有如預期落下，希望中心能做合理的後續處理。

（四）二樓及三樓部份座位無法觀賞演出。

（五）實驗劇場演出中離席六人，離席觀眾多表示看不懂、沒有主題、不知導演要傳達何種意涵。

（六）音樂會之安可曲曲目及解說可否於翌日公佈於網站。

（七）抱怨節目太長不適合兒童觀賞。

（八）音樂廳許多觀眾抱怨停車場沒有車位，停車卡過卡速度過慢，應該準備兩部過卡機，以免影響觀眾入場時間。

（九）演奏廳一位觀眾中場休息時在觀眾席內拍照，經服務人員委婉阻止，非常不悅，表示在國外都可以。

（十）有部分觀眾誤以為戲劇院的開演時間為 19:30，致遲到入場，某位觀眾因無法進場，在大廳吵鬧，幸經服務人員婉轉勸止後，再引導入場。

（十一）戲劇院服務人員依據主辦單位提供之演出結束時間（22:15）公告於前台，惟節目提早於 21:55 結束，有部分觀眾誤會本中心縮短節目演出長度至服務櫃台抱怨。

（十二）有購買歌劇套票觀眾認為音樂廳節目文宣與實質不符，要求退票。

（十三）實驗劇場觀眾席內可以明顯感覺戲劇院演出的鼓聲，觀眾向前台人員表示欣賞演出受到干擾。

（十四）演出者在演出過程中聽到嬰兒哭聲影響演出。

（十五）演奏廳前大理石打磨有濃濃化學藥劑味道。

（十六）遲到觀眾不得入場規定不合理。

（十七）演唱者以伴唱帶形式演出，節目品質不佳要求退票。

（十八）燈光追蹤室無玻璃罩噪音影響觀眾欣賞。

四、重複發生待改善之問題：

（一）流浪漢及流浪狗問題。

（二）電器使用不當引發的跳電。

（三）停車場車輛違規停放在防火門下。

（四）停車場機車違規停放在機房前。

（五）生活廣場宣傳旗桿螺絲鬆脫。

（六）劇院後台一樓安全梯內有演出團體油漆污染地面。

（七）音樂廳生活廣場因豪雨木板浮起及木板變形。

（八）後台安全梯門未關容易造成門弓器損壞，有火災時也將失去隔離效果。

（九）生活廣場風大造成旗桿固定螺絲鬆脫。

（十）演出團體服裝道具箱擋住消防箱。

五、督勤業務建議改善方案：

（一）演出團體及廠商對於用電安全經常疏忽，應建立輔導或檢查機制，以確保劇場安全。

（二）劇場火災將可能造成財產及人命的重大損失，對於演出團體要求使用火或煙火必須有嚴格之標準，縱使同意

演出團體使用，是否後續之緊急應變也必須更充分周全，如邀請消防隊員進駐後台等措施。

（三）停車場車輛違規停放在防火門下及停車場機車違規停放在機房前一再重複發生，是否必須訂定懲罰性的措施，如機車加鎖、增加停車費等。

（四）許多設備已使用二十年，在本季中可以發現音樂廳前台照明突然熄滅及音樂廳側廳漏水都是設備及管線老舊所造成，因此逐年編列預算更新設備是非常的重要，因為設備損壞很可能會影響演出，甚至讓整個劇院都無法運作。

（五）政治抗爭事件造成髒亂或設備損壞必須防範及蒐證，萬一損壞也有求償依據。

（六）電力系統為劇院的命脈，其檢查及維護工作需更為細密。

（七）對於新來或國外的演出團體還是需有更多的關心及要求，避免小的疏忽影響演出甚至劇場設備損壞。

（八）保全需要加強巡邏，避免流浪漢及精神異常者對工作人員及觀眾造成傷害及破壞設備。

肆、九十六年督勤業務檢討報告

一、督勤問題改善成果統計：

執行組室及工作成果類別	數量（件）
工務部－設施改善	181
行政部－清潔改善及秩序設施等改善	170

業務部－服務及設施改善	190
演出部－服務及設施改善	39
其他部門業務改善	59
小　　計	639

二、各部門問題分類整理：

（一）業務部：

1.駐店：音樂廳生活廣場木板遇雨浮起及變形、福華運餐地毯污染、傘座髒污、傘座鋼繩未收妥、音樂廳生活廣場吧台維護。

2.停車場：廁所小飛蟲、防火門下停車、工務部機房前停車、流浪狗亂竄、人行步道髒、標示髒污、停放廢棄機車、廢車道垃圾、緊急照明燈損壞、車位顯示器故障、停車位有垃圾、張貼小廣告貼紙、機車彎道鏡面髒污、車輛物品遭竊。

3.前台：公告板損壞、安全梯堆放雜物、觀眾摔倒、物品擋住消防箱、宣傳品隨意張貼、沙發套髒、節目單數量不足、大廳外租活動髒污場地、演出團體販售物品放置前台未收。

4.票務：售票系統異常無法正常售票。

（二）工務部：

1.廣場及生活廣場部分：地磚損壞、地磚遭污染、旗桿遭撞歪斜、旗桿螺絲鬆脫、大型海報欄掉漆、噴水口鬆動、燈桿鏽蝕。

2.建築物外觀：排水龍頭損壞、牆面裂縫、雲柱水泥掉落、標示掉字。

3.戲劇院後台：天花漏水、牆面破洞、電梯故障、安全梯緊急照明燈損壞、安全梯壁磚掉落、通道牆面刮痕、防火門電磁閥被破壞。

4.戲劇院前台：地毯裂縫、電梯刮痕。

5.音樂廳前台：座椅刮痕、觀眾席天花板有異音。

6.音樂廳後台：吸音板撞壞。

7.停車場：多處漏水、空調箱遭撞、檔車桿斷、電源箱未上鎖、長車道積水。

（三）行政部：

1.清潔：後台垃圾桶未加蓋、地毯污染、垃圾車撞壞角亭地磚、垃圾箱損壞、各入口蜘蛛網、殘障廁所地毯髒、廁所地磚髒、大廳玻璃污染、清潔工具隨意擺放、

假日廣場垃圾桶滿溢、迴廊觀眾入口有鴿糞、電話亭玻璃髒污、戶外大型玻璃櫥窗髒污、戶外標示板髒污、廣場排水孔清潔、森林區有密蜂窩、廣場台階面髒污、洗手液污染牆面、劇院生活廣場回水區長出小植物、觀眾席地毯髒污、植物生長於建築物牆面、劇院涵洞下方有異味。

2.安全：精神病患、吸食強力膠者、流浪漢、流浪狗、冒用演出證、後台吸煙、拒馬鍊絆倒人、演出時佈景火災。

3.園藝：迴廊盆景花稀少、花圃內有狗大便、花圃泥土流失。

（四）演出部：

廣場活動拆台後地面有鐵絲鐵釘等物品、演出團體排練過晚影響觀眾入場、演出團體用餐後食物未收妥、排練室

排練鼓聲影響演奏廳演出、兒童夏令營期間需管制電梯、化妝室地板刮傷、展示大鼓之鼓皮變色、演出投影機熱氣及噪音、後台走道堆置物品影響動線。

（五）其他部門：

海報過期、旗幟被風撕裂、販賣機電源處理不當。

三、特別的督勤問題：

（一）音樂廳觀眾席因屋瓦施工原因而漏水。

（二）實驗劇場南側電梯故障困住前台小組長 35 分鐘。

（三）音樂廳觀眾席照明故障 20 分鐘。

（四）音樂廳屋瓦施工噪音影響演出。

（五）劇院屋瓦施工造成排煙窗漏水。

（六）停車場因車輛車速過快造成擦撞車禍。

（七）戲劇院屋瓦施工不慎引發防水帆布燃燒。

（八）NSO 辦公室安裝監視系統其聲響影響演出。

（九）安全組查獲演出人員冒用他人演出證引發糾紛。

（十）○○劇團遭人恐嚇將於演出時鬧場。

（十一）實驗劇場售票數多於座位數的情形。

（十二）音樂廳生活廣場宣傳旗桿遭車輛撞擊歪斜。

（十三）元宵燈會帶來中心設備破壞及髒亂。

（十四）演出燈控設備電源未使用專用迴路，維修人員未留意進行檢查修復，因而發生干擾情形。

（十五）施工廠商接線未確實，造成劇院變電室電盤箱接觸不良產生高溫悶燒情形。

（十六）電力電腦控制設備老舊不穩定造成劇院演出時間有水晶燈及走廊燈短暫燈熄情形。

（十七）廣場活動施工單位拒絕移開施工材料造成音樂廳觀眾進場不便。

（十八）台電跳電造成演奏廳錄音中斷。

（十九）○○劇團導演在劇院一號門滑倒足部骨折。

（二十）○○交響樂團音樂會指揮邀請作曲家上台接受致意卻遭前台人員攔阻。

（二十一）雷擊造成電源突波吸收器保護開關動作短暫影響音樂廳照明。

（二十二）頑皮學生誤動停車場防火電捲門開關造成高頂休旅車被刮傷。

（二十三）火警廣播系統誤動作造成火警語音廣播啟動。

（二十四）劇院販賣機電線走火、音樂廳生活廣場傘座電線走火。

（二十五）音響技術人員外接電源不慎將線接反，造成心線過熱有焦融冒煙情形。

（二十六）鋼琴演奏家因耳鳴及雙手顫抖無法完成下半場演出。

（二十七）音樂廳綠牆施工不慎造成音樂廳照明停電。

（二十八）停車場停車位數字顯示燈箱異常而造成觀眾遲到無法欣賞演出。

問題分析：

1. 屋瓦施工引發問題：觀眾席漏水、排煙窗漏水、施工噪音影響演出、施工不慎引發防水帆布燃燒。

2. 使用電力未落實問題：劇院販賣機電線走火、接線未確實造成劇院變電室電盤箱接觸不良產生高溫悶燒、音樂廳生活廣場傘座電線走火。

3. 設備故障問題：火警廣播系統誤動作造成火警語音廣播啓動、電力電腦控制設備老舊不穩定造成劇院演出時間有水晶燈及走廊燈短暫燈熄情形、電梯故障困住前台小組長、停車場停車位數字顯示燈箱異常而造成觀眾遲到無法欣賞演出。

4. 不可抗力問題：台電跳電造成演奏廳錄音中斷、雷擊造成電源突波吸收器保護開關動作短暫影響音樂廳照明。

5. 外力破壞問題：頑皮學生誤動停車場防火電捲門開關造成高頂休旅車被刮傷、元宵燈會帶來中心設備破壞及髒亂、生活廣場宣傳旗桿遭車輛撞擊歪斜。

6. 配合廠商管理未落實問題：停車場因車輛車速過快造成擦撞車禍。

四、演出團體及觀眾意見彙整：

（一）演奏廳入口標示不清。

（二）實驗劇場女性廁所太少。

（三）停車場廁所小飛虫太多。

（四）舞台上空調風速過大造成演出者頭部不適。

（五）音樂廳燈光值班人員遲到影響排練時間。

（六）劇院○○節目上半場時間過長對於老人家很不方

便。

（七）節目單販售數量不足，晚到觀眾無法購買。

（八）劇院廁所施工，男性觀眾抱怨要到三樓才能上廁所。

（九）停車場紅磚道施工，原殘障停車位不見造成殘障人士不便。

（十）公共電話拆除指標未更新，觀眾找不到電話。

（十一）音樂廳節目上半場過長遲到觀眾無法進入。

（十二）觀眾不能上台獻花之規定應登載票券上。

（十三）實驗劇場售票數多座位數少，觀眾反映找不到座位的情形。

（十四）音樂廳迴廊咖啡區聽不到前台廣播訊息的情形。

（十五）因燈會停車場客滿，觀眾無法停車影響節目欣賞。

（十六）○○中學學生秩序不佳，影響他人觀賞節目。

（十七）遲到觀眾無法進入觀賞劇院節目不滿。

（十八）實驗劇場主辦單位邀請貴賓但貴賓票券不足，希望中心彈性處理。

（十九）因演出單位在舞台接受訪問，造成觀眾七點十五分才能進觀眾席。

（二十）觀眾欲買飲料迴廊服務人員服務過慢。

（二十一）劇院中場休息廁所水龍頭沒有水。

（二十二）劇院演出投影機電線影響觀賞視線。

（二十三）欣賞音樂會拿到節目單是影印本。

（二十四）○○交響樂團演出時觀眾停車不易。

（二十五）遲到觀眾認為導聆活動結束後撤場聲音太大。

（二十六）演奏廳觀眾反映主持人講話後未關麥克風有回音。

（二十七）兩廳院之友反映音樂廳○○駐店未開使其權益受損。

（二十八）觀眾反映○○駐店用餐區全部客滿找不到座位。

（二十九）音樂廳觀眾反映中心月節目簡介登載節目主持人為○○○但卻沒有在節目中出現。

（三十）○○○音樂會時演出時音樂廳有不正常高頻聲音。

（三十一）節目單由演出團體自行發放因各入口數量分配不當有觀眾反映拿不到節目單情形。

（三十二）迴廊地面有鴿糞觀眾行走不便。

（三十三）金卡會員反映無法在開演前停車卡先行過卡。

（三十四）○○○教授反映中心在國劇演出時十分鐘就讓觀眾進出的做法不當。

（三十五）機車騎士建議因通道狹小且是小彎道，是否減少部分機車停車位，以方便騎乘避免擦撞。

（三十六）演出團體反映未吃完便當被清潔人員收走。

（三十七）觀眾反映演奏廳標示不清楚。

（三十八）觀眾反映戲劇院電視位置太高電視太小。

（三十九）演出觀眾反映視線受阻及投影機噪音和熱氣影響欣賞。

（四十）中心主辦之節目單過去都是贈送，如今又改為販售，且販售數量不足，無法了解演出曲目。

（四十一）金緻卡會員可享有○○駐店飲料，但○○駐店卻是限量供應，排在後面的會員無法享有。

（四十二）因遲到只能看電視欣賞，但演出字幕及場景有看不清楚情形。

（四十三）錄影公司技術人員講話音量過大影響樂團團員演出。

問題分析：

1.人力不足影響服務：如飲料服務過慢、停車不易等問題。

2.硬體設備需改善：指引標示需加強、同步觀賞電視需調整、音樂廳有不正常高頻聲音、機車停車位不足等問題。

3.演出團體及廠商配合不當：觀眾很晚才能進觀眾席、主持人未出現、演出團體節目單不足、錄影公司技術人員講話音量過大、演出設備致視線受阻及噪音干擾問題。

4.施工影響：公共電話拆除指標未更新觀眾找不到電話、劇院廁所施工男性觀眾抱怨要到三樓才能上廁所、紅磚道施工原殘障停車位不見造成殘障人士不便。

5.清潔問題：停車場廁所小飛虫太多、迴廊地面有鴿糞

觀眾行走不便。

五、建議改善方案：

（一）中心許多工作都需藉靠如清潔公司、駐店等合作廠商才能完成，相關廠商管理缺失問題，請業務單位提供資料請其留意改善避免重複發生問題。

（二）中心屋瓦工程本年發生施工影響中心形象事件有兩件，由於工程會持續進行，監督機制必須落實。

（三）發生電力使用不當而走火事件達到五件，各部門使用電力必需更為小心。

（四）本年南投埔里藝文中心發生調燈墜地死亡的意外事件，由於劇場工作有潛在的危險性，工作人員必須更為小心。

伍、九十七年督勤業務檢討報告

一、督勤問題改善成果統計：

執行組室及工作成果類別	數量（件）
總務行政部－設施改善、清潔改善及秩序等改善	151
推廣服務部－服務及設施改善	130
演出技術部－服務及設施改善	58
其他部門業務改善	59
小　　　計	398

二、特別的督勤問題：

（一）○○劇團貨櫃車將大中至正門前地面壓出一個大洞。

（二）精神異常男子在停車場牆柱隨意噴漆。

（三）停車場小型滅火器有被偷竊的情形。

（四）音樂廳音樂會演出時有異音發生。

（五）音樂廳錄影人員講話聲音影響觀眾聆賞。

（六）音樂廳二樓觀眾遭包廂區掉下的傘砸到。

（七）○○駐店分電盤內有死老鼠造成無法供電。

（八）竊賊偷取停車場發票箱內之發票。

（九）音樂廳演出前前台部分區域停電十分鐘。

（十）演奏廳演出期間跳電造成舞台喇叭故障。

（十一）熱水器損壞造成大量漏水。

（十二）劇院屋瓦整修防火蛭石掉落舞台。

（十三）音樂廳屋瓦整修造成前廳漏水。

（十四）音樂廳演出因瞬間停電造成綠牆投射燈不亮及後舞台電視故障。

（十五）音樂廳演出指揮平台有異音。

（十六）實驗劇場電梯夾住泥塊故障。

（十七）演奏廳舞台燈泡故障產生高頻異音。

（十八）實驗劇場入口因大雨積水觀眾進出不便。

（十九）音樂會觀眾席二三樓後方再度聽見高頻音。

（二十）小朋友分別撞到地下停車場防水閘門及排水開關箱。

（二十一）鴿子被戲劇院鳥阻網困住。

（二十二）演出者樂器遭離場觀眾撞壞。

（二十三）音樂廳四樓觀眾在行進中摔倒造成骨折。

（二十四）音樂會音控品質不佳。

（二十五）觀眾在安全梯內吸煙。

（二十六）劇院演出竄音，影響實驗劇場之演出。

（二十七）觀眾遺失結婚鑽戒。

（二十八）學生未經申請持續靜坐自由廣場。

（二十九）實驗劇場投影機故障影響演出。

（三十）音樂廳四號門外之燈罩掉落。

（三十一）屋瓦鷹架掉落寶特瓶飲料罐。

（三十二）演出時演員身上麥克風斷訊。

（三十三）貨車撞壞停車場鐵捲門。

（三十四）劇院水晶吊燈掉落銅片。

（三十五）行經劇院拱橋遊客遭瓦礫擊中頭部。

（三十六）精神障礙人士領免費票券與其他肢體障礙人士衝突。

三、演出團體及觀眾意見彙整：

（一）觀眾至○○駐店櫃檯購買飲料無人服務，等了五分鐘服務人員才出現。

（二）劇院男廁所少且要上下樓梯對老人家很不方便。

（三）音樂廳節目單贈送份數太少無法取得。

（四）劇院地面層男廁無小孩便斗。

（五）實驗劇場入口改變後標示不明。

（六）音樂廳錄影人員講話聲音影響觀眾聆賞。

（七）音樂廳購買節目單排隊時間過長。

（八）○○中學學生很吵影響其他觀眾欣賞音樂會。

（九）音樂廳五樓追蹤燈散熱馬達聲音影響觀眾欣賞音樂會。

（十）觀眾未帶身分證無法在分銷點取票。

（十一）演奏廳廁所很臭。

（十二）實驗劇場○○演出節目遲到觀眾無法入場影響其權益。

（十三）廣場活動拆台人員未戴安全帽。

（十四）演出團體邀請之攝影師於演出期間拍攝，其噪音影響觀眾欣賞。

（十五）中心主辦節目之節目單有時贈送有時購買且樣式不一不好收藏。

（十六）觀眾反映前台無垃圾桶丟棄垃圾不便。

（十七）演奏廳演出團體排練過久影響觀眾入場。

（十八）觀眾反映音樂廳外無明顯的入口標示，以為是餐廳不敢進入。

（十九）停車場未設立○○展覽指示方向牌。

（二十）觀眾反映音樂會音控品質不佳。

（二十一）鋼琴家反映鋼琴音準偏差。

（二十二）劇院四樓後排觀眾抱怨放映影片只能看到一半的螢幕。

（二十三）劇院 3 樓 2 排 10 號的觀眾抱怨觀賞不舒適。

（二十四）觀眾不滿○○演出團體不贈送其自行印製節目單。

（二十五）觀眾抱怨實驗劇場出口台階設計不良。

（二十六）觀眾抱怨取不到演出團體贈送的包子。

（二十七）購買團票為何不能退票。

（二十八）劇院節目演出因架設控制桌影響觀眾欣賞。

四、重複發生待改善之問題：

（一）音樂廳生活廣場之地板、照明燈具、櫃檯損壞。

（二）非演出期間觀眾席門未鎖問題。

（三）演出前停車場第七車道經常有違規右轉情形。

（四）音樂廳產生異音問題。

（五）屋瓦工程發生從高空掉落物品影響遊客安全。

五、督勤業務建議改善方案：

（一）發生音樂廳異音事件兩件，目前均無法找到異音來源需續持續追蹤，另人為因素影響觀眾聆賞的部分，包含觀眾帶小型狗入場及錄影人員講話必須積極防範。

（二）發生演出期間台電瞬間跳電三次情形，都有造成設備短暫無法運作情形，需找出有更好因應的方法。

（三）屋瓦工程施工仍然造成防火蛭石掉落舞台、音樂廳前廳漏水等問題，需請施工公司施工時更為小心。

（四）發生三件觀眾及遊客摔傷事件，其中兩件造成傷害情形，因此設備維護正常及發現可能設備會傷及觀眾及遊客的部分需事先防範，另外提醒高樓層觀眾行走小心，也是前台服務工作必須加強的。

（五）發生三件從高空掉落物品的情形，幸未造成人員傷亡，因此設備檢查及工地安全教育落實更顯重要。

（六）演出設備之是否正常將影響節目演出品質，因發生兩件因演出設備異常的事件，因此對中心演出設備的保養檢查及協助演出團體對其器材維護正常都非常重要。

陸、九十八年督勤業務檢討報告

一、督勤問題改善成果統計：

執行組室及工作成果類別	數量（件）
總務行政部－設施改善、清潔改善及秩序等改善	78
推廣服務部－服務及設施改善	98
演出技術部－服務及設施改善	56
其他部門業務改善	66
小　　　計	298

二、特別的督勤問題：

（一）音樂廳地下室觀眾入口處頂棚持續漏水。

（二）廣場藝術節音樂會有兩位觀眾眼睛遭煙火噴到。

（三）廣場藝術節演出有一名舞者腳部扭傷。

（四）空調風壓影響劇院大幕運作。

（五）停車場消防感知器遭撞壞。

（六）音樂廳發生異音。

（七）劇院演出鼓音影響實驗劇場偶戲演出。

（八）○○團體未經申請在自由廣場抗議。

（九）音樂廳鋼琴獨奏會追蹤燈室傳出異音。

（十）劇院 3 樓大排練室舞蹈排練會造成劇院南側大廳天花板震動水晶燈搖晃。

（十一）○○團體演員開演前因腎結石疼痛緊急送臺大醫院就醫。

（十二）雷擊造成短暫斷電因節目中場休息並未影響演出。

（十三）老太太於音樂廳跌倒送台大醫院急診。

（十四）廣場活動彩排，消防水袋絆倒觀眾。

（十五）音樂廳演出時產生異音。

（十六）戲劇院火警語音系統異常。

（十七）展示車輛投射燈線路異常及燙傷小孩。

（十八）年長女性在音樂廳如廁跌倒送醫。

（十九）戲劇院停車場入口處污水管漏水。

（二十）車輛撞擊停車場消防開關。

（二十一）追星族闖入劇院後台。

（二十二）劇院字幕機離線不穩定。

（二十三）駐店開演前施工噪音。

（二十四）廣場活動夜間裝台未申請開啓廣場照明燈及未戴安全帽。

（二十五）音樂廳消防系統異常。

（二十六）劇院地面層無障礙坡道過陡造成身障人士跌倒。

（二十七）劇院舞台電梯故障關住演出人員。

（二十八）音樂廳觀眾席後方吸音板倒下打到觀眾頭部。

（二十九）音樂會後台舞監提早廣播中場休息訊息。

三、演出團體及觀眾意見彙整：

（一）觀眾反映音樂廳四號門出口高官車輛佔據無法提供計程車服務造成不便。

（二）○○○演出四樓觀眾反應字幕不清，字體光線不明。

（三）實驗劇場觀眾抱怨散場等電梯過久。

（四）開車之實驗劇場觀眾建議應有室內動線抵達。

（五）劇院觀眾對於○○舞團臨時更換首席舞者不滿。

（六）未滿 110 公分兒童欲觀賞小西園演出遭拒，其父抗議規定不合理。

（七）演奏廳節目○○○獨奏會因演出者手部受傷臨時取消，不知節目已取消之觀眾陸續到場，觀眾抱怨未妥善告知，也未見網路公告。

（八）觀眾抱怨在劇院觀賞節目遭蚊子叮咬。

（九）觀眾反映○○歌劇字幕太小。

（十）廣場演出舞台設施擋住觀眾進出動線。

（十一）請中心提供兒童尺寸口罩及足量坐墊。

（十二）音樂廳節目錄影之轉播車停放在廣場與音樂廳地面層停車場之通道中影響遊客之通行。

四、重複發生待改善之問題：

（一）生活廣場之旗幟經常損壞。

（二）音樂廳發生異音。

（三）節目單數量不足問題。

（四）停車場持續有髒舊的機車。

（五）廣場活動後遺留鐵釘、鐵絲。

五、督勤業務建議改善方案：

（一）九十七年第一季發生音樂廳異音事件兩件，無法找到異音來源，仍持續追蹤，同樣至九十八年第一季又再度發生，氣候影響建築物因素是否也需列入觀察的指標？

（二）九十五年廣場藝術節之觀眾被煙火弄傷眼睛，九十八年音樂會又有兩位觀眾眼睛遭煙火噴到，因此施放煙火必須有更嚴謹的規範。

附錄三　國立中正文化中心
消防防護計畫

壹、總　則

一、目的與適用範圍

　　1.目的：本計畫係依消防法第十三條暨同法施行細則第十三條至十六條，規定本場所防火管理必要事項，以落實預防火災、地震及其他災害之目的，並達到保障人命安全、減輕災害之目標。

　　2.適用範圍：在本場所服務、出入之一切人員都必須遵守。

二、管理權人之職責

　　1.管理權人負有本場所之防火管理業務之所有責任。

　　2.選任位於管理或監督層次，且能適當公正地執行防火管理業務權限者之防火管理人，使其推動防火管理業務。

3.指導及監督防火管理上必要業務之推動。

4.申報消防防護計畫書及防火管理人遴用及異動。

5.防火避難設施及消防安全設備之檢查維護之實施及監督，以及相關設施（備）缺失時之改善作為。

6.申報防火管理人之遴用及解任。

7.在防火管理人製定或變更消防防護計畫時須給與必要之指示。

8.管理權區分時，協同製定共同消防防護計畫。

三、防火管理人之職責

防火管理人負責此消防防護計畫之製作及實行，並推行下列防火管理業務：

1.消防防護計畫之製定、檢討及變更。

2.滅火、通報及避難訓練之實施。

3.防火避難設施、用火用電設備器具、危險物品設施之檢查實施及監督。

4.電氣配線、電氣機器、機械設備之管理及安全確認。

5.消防安全設備檢查維護之實施及監督，以及法定檢修之會同檢查。

6.施工中消防防護計畫之製作及安全措施之建立。

7.火源使用或處理有關之指導及監督。

8.收容人員之適當管理。

9.對內部員工防災教育之實施。

10.防火管理業務相關人員之指導及監督。

11.對管理權人提出建議及請求指示。

12.防止物品阻礙通路、樓梯、揭示避難路線圖等避難設施之管理。

13.推動防止縱火之預防措施。

14.各項防火管理相關書面資料之保管與整理。

15.其他防火管理上必要之事項。

16.管理權區分時，將上揭各項事宜向共同防火管理人報告。

四、與消防機關之通報聯繫

1.防火管理人遴用及異動時，應於三日內依附表一填寫防火管理人遴用（異動）提報表，向當地消防機關提報。

2.消防防護計畫製定及變更後，依附表二填具「消防防護計畫製定（變更）提報表」，並依附表三檢附「消防防護計畫及消防防護計畫自行檢查表」，三天內向當地消防機關提報。有關消防防護計畫製定後，有下列事項變更時，管理權人（或命防火管理人）應向消防機關提報。

（1）管理權人或防火管理人之變更。

（2）自衛消防編組之大幅或重要變更。

（3）建築用途變更、增建、改建等導致消防安全設備之變動時。

3.實施滅火、通報、避難訓練時，應於十日前填註附表四向當地消防機關提報，並報告其結果。

4.遇有增建、改建、修建、室內裝修施工時，依「製定

現有建築物（場所）施工中消防防護計畫指導須知」之規定，於開工（指實際開工日期）三天前，依附表五填具「現有建築物（場所）施工中消防防護計畫提報表」，檢附附表六「現有建築物（場所）施工中消防防護計畫自行檢查表」及現有建築物（場所）施工中消防防護計畫，向當地消防機關提報。

　　5.依法定期限申報消防安全設備檢修結果報告書，甲類場所每半年一次，甲類以外之場所每一年一次。

貳、預防管理對策

一、平時火災預防

　　1.本場所係依消防法規定，係屬應設消防安全設備之甲類場所，為落實消防安全設備之維護管理，訂定於每年之六月前及十二月前，本場所委託消防公司檢修消防安全設備，並於檢修完成後十五日內，依規定將檢修結果於每年之六月三十日及十二月三十一日前報請當地消防機關備查。

　　2.為落實平時之火災預防作為，依場所之使用特性、防火避難設施、燃氣設備及消防安全設備之設置等情形，實施預防管理編組，人人皆應負起火災防制之責任。

　　3.火災預防管理組織負責平時火災預防及地震時之防止起火，以防火管理人為中心，各樓層分別設置防火負責人，

並劃設責任區域，指派火源責任者進行火災防制措施。有關本場所之火災預防管理編組，如附件二。

4.防火管理人應定期詢問防火負責人、火源責任者及每一位員工，以落實火災預防措施。

5.防火負責人之任務為輔助防火管理人，並指導、監督負責區域內之火源責任者。

6.火源責任者之任務如下：

（1）輔助防火負責人，擔任指定範圍內之火源管理工作，並負責指定範圍內之防火避難設施、用火用電設備器具、電氣設備、危險物品及消防安全設備等之日常維護管理。

（2）地震時用火用電設備器具之安全確認。

（3）依照附件三之「日常火源自行檢查表」、附件四之「防火避難設施自行檢查表」及附件五之「消防安全設備自行檢查表」進行檢查。

──日常火源自行檢查，應於每日下班時進行（發現問題應立即反應處理）。

──日常防火避難設施之自行檢查，每日應檢查一次（發現問題應立即反應處理）。

──消防安全設備自行檢查表，每月應檢查乙次（發現問題應立即反應處理）。

二、火災預防措施

1.吸煙及用火等易發生危險行為之規定如下：

（1）走廊、樓梯間、更衣室、電腦室、電氣機房、危險物品設施之週遭及倉庫等嚴禁吸煙之地點。

（2）除厨房外，任何地點未經允許嚴禁火源。

2.從事下列行為應事先向防火管理人聯絡取得許可後，始得進行：

（1）指定場所以外之吸煙及火源使用。

（2）各種用火用電設備器具之設置或變更時。

（3）各種慶祝活動必須用火用電或臨時使用火源。

（4）危險物品之貯藏、處理，及其種類及數量之變更時。

（5）進行施工行為時。

3.用火用電時之應遵守事項：

（1）使用電熱器等火源設備，不得在指定地點以外之場所進行。

（2）用火用電設備器具之使用，應事先檢查，並應確認使用時周遭無易燃物品。使用完畢後，應加以檢查確認其是否處於安全狀況，並置放於適當之安全場所。

4.為確保防火避難設施之機能運作正常，所有出入人員應遵守下列事項：

（1）安全門等緊急出口、走廊、樓梯間及避難通道等避難設施：

— 不得擺放物品，以避免造成避難障礙。

— 應確保逃生避難時，樓地板無容易滑倒或牽絆避難人員之情形。

　　— 作爲緊急出口之安全門，應容易開啓，並確保走廊及樓梯間之寬度能容納避難人員。

　　（2）爲防止火災擴大延燒，並確保消防活動能有效進行之防火設施：

　　— 安全門應經常保持關閉，並避免放置物品導致影響其關閉之情形。

　　— 安全門周遭不得放置容易延燒之可燃物。

　　（3）不得有爲管制收費及避免貨物遭竊，或於年節週年慶特價期間，大量進貨而將樓梯間、通道或主出入口以外之樓梯或出口上鎖及以雜物阻擋或破壞防火區劃，而影響逃生避難之行爲。

　　5.本場所之位置圖如附圖一，另爲確保火災發生時逃生避難之安全，有關各樓層之平面圖及逃生避難圖如附圖二，除張貼於公告欄等顯眼處所外，並應確實周知場所內每一位員工（含自衛消防編組之成員），熟悉逃生避難路徑及相關之消防安全設備。

三、施工中消防安全對策之建立

　　1.本場所進行施工時，應建立消防安全對策。如進行增建、改建、修建及室內裝修時，應依消防法施行細則第十五條第二項規定製定施工中消防防護計畫，並向當地消防機關申報。

　　2.上述施工中消防防護計畫之製作，應依據「製定現有建築物（場所）施工中消防防護計畫指導須知」之規定辦

理，並於實際開工日三天前，填具附表五「現有建築物（場所）施工中消防防護計畫提報表」，並依附表六檢附「現有建築物（場所）施工中消防防護計畫自行檢查表」及「現有建築物（場所）施工中消防防護計畫」，提報轄區消防機關。

3.防火管理人於施工時，應注意下列事項：

（1）一般注意事項：

— 應對施工現場可能之危害，進行分析評估，並注意強風、地震、粉塵等特殊氣候或施工狀態下可能造成的影響，採取有效之預防措施。

— 應定期及不定期檢查施工現場周遭情形，建立督導及回報機制。

— 應採取增加巡邏次數等強化監視體制之措施。

— 建築物施工場所，如需停止消防安全設備之功能，應採取相關替代防護措施及增配滅火器，並強化滅火、通報等相關安全措施，並嚴禁施工人員吸煙及不當之用火用電。

— 為防止縱火，有關施工器材、設備等，應確實收拾整理，並建立管制機制。

— 施工現場應建立用火用電等火源管理機制，同時對現場人員妥善編組，確保火災發生時，能發揮初期應變之功能。

（2）進行熔接、熔切、電焊、研磨、熱塑、瀝青等會產生火花之工程作業時，為防止施工作業之火焰或火花飛散、掉落致引起火災，除依前述「一般注意事項」外，應採

取下列措施：

　　—　應避免在可燃物附近作業，但作業時確實無法避開可燃物者，應在可燃物周圍，採用不燃材料、披覆防焰帆布或區劃分隔等防處措施，予以有效隔離。

　　—　作業前應由施工負責人指定防火負責人及火源責任者，進行施工前安全確認，並加強作業中之監視及作業後之檢查。

　　—　施工單位在實施熔接、熔切、焊接等會產生火花之作業時，應於週邊備有數具滅火器等滅火設備，俾能隨時應變滅火。

　　—　各施工場所應由防火責任者，依施工進行情形，定期向施工負責人及防火管理人報告。

　　—　使用危險物品或易燃物品時，應知會施工負責人及防火管理人，採取加強防護措施。

　　（3）施工期間應事先公告及通知有關人員，依下列原則辦理教育訓練：

　　—　防火防災教育及訓練，必須包括全體員工及施工人員。

　　—　教育訓練之內容，應包括潛在之危險區域及防處作為、緊急應變程序、通訊聯絡機制、疏散避難路線、消防機具及滅火設備之位置及操作方法等有關之防火管理措施及應變要領。

　　—　進行教育訓練時，應包含滅火、通報，避難引導、安全防護及緊急救護等相關事項，且就有關人員予以編組，

實際進行模擬演練。

　　— 有雇用外籍人士時，應一併實施防火防災教育及訓練。

　　— 施工期間之教育訓練，應於各項工程開工前為之，並應定期實施再教育訓練。

四、縱火防制對策

　　1.平時之縱火防制對策：

　　— 建築基地內、走廊、樓梯間及洗手間等場所，不得放置可燃物。

　　— 加強對於進出人員之過濾及查核。

　　— 設置監控設備，並加強死角之巡查機制，同時建立假日、夜間等之巡邏體制。

　　— 整理並移除場所周邊之可燃物。

　　— 加強對於出入口之特定人員及出入者之確認及監控。

　　— 最後一位離開者，應做好火源管理，並關閉門窗上鎖。

　　— 落實汽（機）車停放之安全管理。

　　2.附近發生連續縱火案件時之對策：

　　— 加強死角之巡查機制，並強化假日及夜間之巡邏體制。

　　— 加強宣導員工落實縱火防制工作，並確實要求最後一位離開者，應關閉門窗上鎖。

參、自衛消防活動

一、自衛消防編組：

1.爲確保火災及其他災害發生時，能將損害損失減至最低，故成立自衛消防隊（設於一樓警衛室／防災中心等指揮據點）（＊註　如場所範圍較大，可明顯區分責任區域，或者自行視場所特性之實際需求，增設地區隊）及自衛消防地區隊，其編組情形及任務如附件六及附件七。

2.隊長等各級幹部之職責：

— 隊長於展開自衛消防活動時，擔任指揮發號施令，同時與消防隊保持密切連繫，順遂展開救災活動。

— 副隊長輔助隊長，當隊長不在時，代行其職務。

— 地區隊長擔任負責地區初期自衛消防活動之指揮工作，隨時與隊長保持密切連繫。

— 各班班長依其班別，負責滅火、通報、避難引導等相關自衛消防活動。

二、自衛消防編組之裝備。

肆、假日暨夜間之防火管理體制

一、為確保夜間及假日之火災預防管理，本場所之值日人員（或保全人員），應定期巡邏各場所，以確保無異常現象。

二、本公司（或場所）之夜間及假日之自衛消防編組如附件九，當夜間及假日發生火災時，應採取下列應變作為：

1.立即通知消防機關（119），在進行初期滅火之同時，應同時通報建築內部之出入人員，並依緊急通報系統，聯絡自衛消防隊長及防火管理人。

2.與消防機關保持聯繫，將火災情形、延燒狀況等初期火災訊息，隨時提供消防隊掌控，並引導消防人員前往起火地點。

伍、地震防救對策

一、為防範地震造成之災害，場所內應準備必要之防災用品，防火管理人及各樓層火源負責人，應透過防災教育周知所有從業人員，進行平時之安全管理時，並一併進行下列事項：

1.檢查附屬在建築物之設施如廣告牌、窗框、外壁等及

陳列物品有無倒塌、掉落、鬆脫。

2.檢查燃氣設備、用火用電設備器具有無防止掉落措施，以及簡易自動滅火裝置、燃料自動停止裝置之動作狀況。

3.檢查危險物品有無掉落，傾倒之虞。

4.防火管理人應積極參加消防機關或防火團體舉辦之講習會或研討會，同時應隨時對從業人員辦理防火講習或宣導教育。

二、地震發生時應採取下列安全措施：

1.於用火用電設備器具周遭之員工，應確實切斷電（火）源，並移除易燃物，經火源責任者確認後報告防火負責人，由防火負責人回報防火管理人（或指揮據點）。

2.全體員工應確認周圍機具、物品等有無掉落及異常狀況，並告知火源負責人者轉知防火管理人（或指揮據點）。

三、地震發生後應採取下列安全措施：

1.於用火用電設備器具周遭之員工，應確認電（火）源安全無虞後，方可使用相關設備。

2.地震發生後如發生災害，於自身安全無虞下，應依自衛消防編組分工，進行救災。

3.如有受傷者，應列入最優先之救援行動，採取必要之緊急救護措施。

4.應蒐集相關資料地震資訊，適時通報建築內部人員，如須採取避難行動，應告知集結地點俾集體前往避難場所。

陸、瓦斯災害緊急處置

一、瓦斯洩漏時，應即關閉附近瓦斯開關，並嚴禁火源，同時立即通報瓦斯公司及 119，告知（場所名稱）之瓦斯洩漏位置（或樓層）及有無受傷人員（及人數），並進行場所內廣播，其廣播範例如下："這裡是（警衛室），現在在○樓發生瓦斯外洩。請立即關閉瓦斯關開關、停止使用用火用電設備器具，並熄滅香煙等火源。各位顧客請依照本公司人員之指示避難。"

柒、防災教育訓練

一、為落實宣導員工有關消防防護計畫之內容，並強化員工之防火防災觀念，藉由防災教育訓練之進行，以提昇全體員工之防災常識及應變能力。同時，防火管理人應積極參加消防機關或防火團體舉辦之講習或研討，同時應隨時對從業人員辦理防火講習會或宣導會。

二、實施對象：新進人員、正式員工、工讀生、臨時人員及自衛消防編組人員。

三、進行防災教育之重點如下：

1.徹底周知消防防護計畫內容及從業人員之任務。

2.有關火災預防上之遵守事項，以及火災或地震發生時

之各項應變要領。

3.其他火災預防上必要之事項。

四、有關新進人員、正式員工、工讀生、臨時人員等之教育訓練之實施時期、實施對象及實施次數，依下表進行：

對象	時期	次數	實施者		
			防火管理人	防火負責人	火源責任者
新進人員	採用時	乙次	總務行政部經理	藝術總監	安全組組長
正式員工	（5）月（9）月	每年二次以上	總務行政部經理	藝術總監	安全組組長
	早晨集會時機	視需要進行	總務行政部經理	藝術總監	安全組組長
工讀生臨時人員	採用時	乙次	總務行政部經理	藝術總監	安全組組長
	上班時	視需要進行	總務行政部經理	藝術總監	安全組組長

五、有關自衛消防編組人員之教育訓練：為強化自衛消防編組之應變能力，依消防法施行細則第十五條之規定，應每半年至少舉行滅火、通報及避難訓練乙次，每次訓練之實施不得少於四小時，本場所辦理相關訓練之規劃如下：

類　　別		實施日期	內　　　　　容
部分訓練	通報連絡	（5）月（9）月	假設災害發生時，應採取之通報連絡作為，包含場所內之人員通報及消防機關之通報等。
	滅火	（5）月（9）月	火災初期滅火要領，及進行滅火器、室內消防栓等之實際放射操作。
	避難引導	（5）月（9）月	假設災害發生時，應採取之應變作為，包含避難指示、避難引導人員之配置及疏散內部收容人員等。
綜合演練		（5）月（9）月	假設災害發生時，應採取之各項應變作為，包含狀況假設、起火地點之確認、通報連絡、初期滅火、形成區劃、避難引導、緊急救護及指揮聯繫等整體之災害初期應變措施等。
備　　考			1.部分訓練，係著重於單項動作之操作訓練；而綜合演練，係整合部分訓練進行整體之操作演練。2.其它訓練演練，將視需要安排時間進行夜間（模擬）訓練、自衛消防隊各班之圖面模擬狀況訓練。

附錄四　國立中正文化中心
消防演習流程表

地　點	演習內容	配合部室	執　行　程　序
劇院舞台及後台	1.演出開演前。 2.演出正式開始。 3.演出進行中。 4.特效引發小火；施放煙火一幕，由於煙火施放過高，舞台上 C12 吊桿懸掛之麻布布幕觸及火花著火。（可即時撲滅理）演出技術部操演一〈節目暫停〉	演出技術部安全事務組	1.播放場內須知 2.關觀眾席燈 3.播放演出 CD 4.節目暫停，舞監下達指揮程序 4.1 降大幕，開觀眾席燈，同時降下舞台吊桿 C12 桿立刻進行滅火處理。 4.2 舞監立即進行演出緊急狀況廣播稿告知觀眾 Step1.選擇緊急訊息模式 Step2.選擇廣播區域 Call Hall 　　　　　　　　　　Call Foyer Step3.按 Play： 『各位來賓，由於技術原因，一時之間演出中斷。任何不便之處，我們謹向諸位致歉。請各位留在座位上稍後片刻。謝謝。』 4.3 滅火班及後台工作人員進行滅火（模擬演練使用滅火器） 4.4 舞監通報前台小組長、督勤官、安全事務組勤務中心、水電值班室 4.5 工作人員打開滅火器救火，火勢立即撲滅，並移走 C12 桿之布幕防

			止再度燃起，緊急狀況解除。 4.6 舞監隨即與演出單位及督勤官討論後續演出及相關技術問題（與導演及執行舞監討論下節音樂開始演奏及演員走位事宜），俟開始演出事宜確認後，並再播放廣播稿告知觀眾節目即將開始 Step1.選擇緊急訊息模式 Step2.選擇廣播區域 Call Hall 　　　　　Call Foyer Step3.按 Play： 『各位來賓，感謝您的耐心等候，節目將繼續演出。』 4.7 舞監聯繫工作人員演出人員 Stand By 4.8 關觀眾席燈、升大幕 4.9 恢復演出
NT舞台、後台	特效引發小火；施放煙火一幕，由於煙火施放過高，舞台上 C12 吊桿懸掛之麻布布幕觸及火花著火，研判火勢無法即時撲滅演出技術部操演三〈節目取消〉	演出技術部安全事務組	演出技術部操演一（節目暫停）執行程序後，特效引發小火；施放煙火一幕，由於煙火施放過高，舞台上 C12 吊桿懸掛之麻布布幕觸及火花著火，工作人員打開滅火器救火，火勢無法撲滅，研判火勢無法即時撲滅。（Preset 狀態：降大幕，開觀眾席燈） 4.節目取消，舞監下達指揮程序 4.1 舞監通報前台小組長、督勤官、安全事務組勤務中心 4.1a 舞監立即與演出單位及督勤官確認啟動安全疏散機制。 4.2 舞監立即進行演出緊急狀況廣播稿告知觀眾。 　Step1.選擇緊急訊息模式。 　Step2.選擇廣播區域 Call Hall Call Foyer 　Step3.按 Play： 　『各位來賓，請注意，請不要慌張。由於安全考量，請您跟隨服務

			人員的引導進行疏散，儘速離場。請保留您的票根，作爲後續作業依據，在此，我們謹向諸位致最大歉意。謝謝。』 4.3 降防火門（警鈴聲） 4.4 後台進行安全疏散，發放防煙面罩 （視現場狀況），啓動滅火班（演出技術部消防編組），實施滅火、避難引導班（助理及技術人員），疏散演員及工作人員至後台兩側安全梯，往地面層安全區域避難。 4.5 火勢無法撲滅，即全數撤離至安全梯，往地面層安全區域避難（舞監需檢視後台清場後，最後撤離），清點員工人數。 4.6 通報 119 消防隊、督勤官、安全事務組勤務中心、水電值班室）支援。 4.7 啓動全樓層緊急廣播系統，告知員工疏散。 ※ <u>嚴禁搭乘電梯</u>

附錄五　勞工保險條例施行細則

中華民國 49 年 3 月 1 日內政部訂定發布
中華民國 58 年 7 月 11 日內政部修正發布
中華民國 62 年 11 月 20 日內政部臺內社字第 556513 號令修正發布
中華民國 68 年 9 月 11 日內政部臺內社字第 24598 號令修正發布
中華民國 78 年 9 月 15 日行政院勞工委員會臺（78）勞保一字第 22950 號令修正發布
中華民國 85 年 9 月 13 日行政院勞工委員會臺（85）勞保一字第 134771 號令修正發布
中華民國 90 年 9 月 12 日行政院勞工委員會（90）台勞保一字第 0043112 號令修正發布
中華民國 92 年 2 月 26 日行政院勞工委員會勞保二字第 0920009241 號令修正發布
中華民國 92 年 5 月 14 日行政院勞工委員會勞保二字第 0920026704 號令修正發布
中華民國 97 年 12 月 25 日行政院勞工委員會勞保二字第 0970140644 號令修正發布
中華民國 98 年 2 月 26 日行政院勞工委員會勞保二字第 0980140091 號令修訂第 98 條之 1、第 99 條
中華民國 99 年 11 月 19 日行政院勞工委員會勞保二字第 0990140488 號令修正發布

第一章　總　則

第一條　　本細則依勞工保險條例（以下簡稱本條例）第七十七條規定訂定之。

第二條　　依本條例第三條規定免課之稅捐如下：

　　　　　一、　保險人及投保單位辦理勞工保險所用之帳冊契據，免徵印花稅。

　　　　　二、　保險人辦理勞工保險所收保險費、滯納金，及因

此所承受強制執行標的物之收入、基金運用之收益、雜項收入，免納營業稅及所得稅。

三、　保險人辦理業務使用之房屋、醫療藥品及器材、治療救護車輛，被保險人、受益人或支出殯葬費之人領取之保險給付，依稅法有關規定免徵稅捐。

第三條　本條例有關保險期間之計算，除本條例另有規定外，依行政程序法之規定，行政程序法未規定者，依民法之規定。被保險人及其眷屬年齡之計算，均依戶籍記載爲準。

第二章　保險人、投保單位及被保險人

第一節　保險人

第四條　保險人應按月將下列書表報請勞工保險監理委員會（以下簡稱監理會）及中央主管機關備查：

一、　投保單位、投保人數、投保薪資統計表。

二、　保險給付統計表。

三、　保險收支會計報表。

四、　保險基金運用概況表。

保險人應於每年年終時編具總報告，送監理會審議後，由監理會報請中央主管機關備查。

第五條　監理會應按季編具業務監督、爭議審議及財務稽核報告，並於年終編具總報告，均報請中央主管機關備查。

第六條　保險人或監理會依本條例第二十八條規定派員調查有關勞工保險事項時，應出示其身分證明文件。

第七條　本條例第六條第二項所稱之主管機關，指勞工工作所在地之直轄市或縣（市）政府。

第二節　投保單位

第八條　本條例第八條第一項第一款所稱各業以外之員工，指中央主管機關核定准許投保之其他各業或人民團體之員工。

第九條　無一定雇主或自營作業而參加二個以上職業工會爲會員之勞工，由其選擇主要工作之職業工會加保。

第十條　投保單位應置備僱用員工或會員名冊（卡）、出勤工作紀錄、薪資表及薪資帳冊。

員工或會員名冊（卡）應分別記載下列事項：

一、　姓名、性別、出生年月日、住址、國民身分證統一編號。

二、　到職、入會或到訓之年月日。

三、　工作類別。

四、　工作時間及薪資。

五、　傷病請假致留職停薪期間。

第一項之出勤工作紀錄、薪資表、薪資帳冊及前項第四款、第五款規定，於職業工會、漁會、船長公會、海員總工會，不適用之。

第十一條　本條例第六條第一項第七款及第八款所稱無一定雇主之勞工，指經常於三個月內受僱於非屬同條項第一款至第五款規定之二個以上不同之雇主，其工作機會、工作時間、工作量、工作場所、工作報酬不固定者。

本條例第六條第一項第七款及第八款所稱自營作業者，指獨立從事勞動或技藝工作，獲致報酬，且未僱用有酬人員幫同工作者。

第十二條　申請投保之單位辦理投保手續時，應填具投保申請書及加保申報表各一份送交保險人。

前項加保申報表應依戶籍資料或相關資料詳為記載。

第十三條　本條例第六條及第八條之勞工，其雇主、所屬團體或所屬機構申請投保時，除政府機關或公立學校外，應檢附負責人國民身分證正背面影本及各目的事業主管機關核發之下列相關證件影本：

一、　工廠應檢附工廠登記證明文件。

二、　礦場應檢附礦場登記證、採礦或探礦執照。

三、　鹽場、農場、牧場、林場、茶場，應檢附登記證書。

四、　交通事業應檢附運輸業許可證或有關證明文件。

五、　公用事業應檢附事業執照或有關證明文件。

六、　公司、行號應檢附公司登記證明文件或商業登記證明文件。

七、　私立學校、新聞事業、文化事業、公益事業、合作事業、漁業、職業訓練機構及各業人民團體應檢附立案或登記證明書。

八、　其他各業應檢附執業證照或相關登記、核定或備

查證明文件。

投保單位無法取得前項各款規定之證件者，應檢附稅捐稽徵機關核發之扣繳單位設立（變更）登記申請書或使用統一發票購票證，辦理投保手續。

第十四條　符合本條例第六條規定之勞工，各投保單位應於其所屬勞工到職、入會、到訓之當日列表通知保險人者，其保險效力之開始，自投保單位將加保申報表送交保險人或郵寄之當日零時起算；投保單位非於勞工到職、入會、到訓之當日列表通知保險人者，其保險效力之開始，自投保單位將加保申報表送交保險人或郵寄之翌日零時起算。

投保單位於其所屬勞工離職、退會、結（退）訓之當日辦理退保者，其保險效力於投保單位將退保申報表送交保險人或郵寄之當日二十四時停止；投保單位非於勞工離職、退會、結（退）訓之當日辦理退保者，其保險效力於離職、退會、結（退）訓之當日二十四時停止。

前二項郵寄之當日，以原寄郵局郵戳爲準。

第十五條　申請投保之單位未填具投保申請書或投保申請書漏蓋投保單位印章、負責人印章，保險人應以書面通知補正；投保單位應於接到通知之翌日起十日內補正。

投保單位所送之加保、轉保申報表或投保薪資調整表，除姓名及國民身分證統一編號均未填者不予受理外，漏蓋投保單位印章及負責人印章，或被保險人姓名、出生年月日、國民身分證統一編號、投保薪資疏誤者，保險人應以書面通知補正；投保單位應於接到通知之翌日起十日內補正。

投保申請書或加保、轉保申報表經投保單位如期補正者，自申報之日生效；逾期補正者，自補正之翌日生效。

投保薪資調整表經投保單位如期補正者，自申報日之次月一日生效；逾期補正者，自補正之次月一日生效。

前四項補正之提出，以送交保險人之日爲準；郵寄者，以原寄郵局郵戳爲準。

投保單位逾期補正或逾期不爲補正，勞工因此所受之損失，應由投保單位負賠償之責。

第十六條　投保單位有歇業、解散、撤銷、廢止、受破產宣告等情事或經認定已無營業事實，且未僱用勞工者，保險人得逕予註銷或廢止該投保單位。

投保單位經依前項規定註銷或廢止者，其原僱用勞工未由投保單位依規定辦理退保者，由保險人逕予退保；其保險

効力之停止、應繳保險費及應加徵滯納金之計算，以事實確定日爲準，未能確定者，以保險人查定之日爲準。

第十七條　投保單位有下列各款情形之一者，應於三十日內填具投保單位變更事項申請書，連同有關證件送交保險人：

一、　投保單位之名稱、地址或其通訊地址之變更。

二、　投保單位負責人之變更。

三、　投保單位印章或負責人印章之變更。

四、　投保單位主要營業項目之變更。

第十八條　投保單位負責人有變更者，原負責人未清繳保險費或滯納金時，新負責人應負連帶清償責任。

投保單位因合併而消滅者，其未清繳之保險費或滯納金，應由合併後存續或另立之投保單位承受。

第三節　被保險人

第十九條　本條例第六條第三項所稱之外國籍員工，指下列情形之一：

一、　依就業服務法或其他法規，經中央主管機關或相關目的事業主管機關核准從事工作者。

二、　依法規准予從事工作者。

投保單位爲前項第一款之勞工加保時，應檢附相關機關核准從事工作之證明文件影本。

第二十條　本細則關於國民身分證之規定，於外國籍被保險人，以在我國居留證明文件或外國護照替代之。

第二十一條　本條例第九條規定之被保險人願繼續加保時，投保單位不得拒絕。

本條例第九條規定之被保險人繼續加保時，其所屬投保單位應繼續爲其繳納保險費，除同條第二款及第四款外，並將其姓名、出生年月日、國民身分證統一編號，及服兵役、留職停薪、因案停職或被羈押日期，以書面通知保險人；被保險人退伍、復職或撤銷羈押、停止羈押時，亦同。

本條例第九條第三款規定之被保險人繼續加保時，除依前項規定辦理外，並應檢附醫院或診所診斷書。

第二十二條　被保險人死亡、離職、退會、結（退）訓者，投保單位應於死亡、離職、退會、結（退）訓之當日填具退保申報表送交保險人。

被保險人因遭遇傷害或罹患疾病在請假期間者，不得退保。

第二十三條　被保險人在有同一隸屬關係之投保單位調動時，應由轉出單位填具轉保申報表轉出聯，逕送轉入單位，由轉入單位填具該表轉入聯一併送交保險人，其轉保效力自轉保申報表送交保險人之當日起算，郵寄者以原寄郵局郵戳爲準。

第二十四條　被保險人之姓名、出生年月日、國民身分證統一編號等有變更或錯誤時，投保單位應即填具被保險人變更事項申請書，檢附國民身分證正背面影本或有關證件送交保險人憑辦。

第二十五條　同時具備參加勞工保險及公教人員保險條件者，僅得擇一參加之。

第二十六條　符合本條例第六條第一項第七款規定之被保險人，有下列情形之一者，保險人於知悉後應通知原投保單位轉知被保險人限期轉保：

一、　所屬投保單位非本業隸屬之職業工會。

二、　本業改變而未轉投本業隸屬之職業工會。

第三章　保險費

第二十七條　本條例第十四條第一項所稱月薪資總額，以勞動基準法第二條第三款規定之工資爲準；其每月收入不固定者，以最近三個月收入之平均爲準；實物給與按政府公布之價格折爲現金計算。

投保單位申報新進員工加保，其月薪資總額尙未確定者，以該投保單位同一工作等級員工之月薪資總額，依投保薪資分級表之規定申報。

第二十八條　因傷病住院之被保險人及依本條例第九條第一款、第三款、第五款、第九條之一或性別工作平等法第十六條第二項規定繼續加保者，於加保期間不得調整投保薪資。

前項被保險人之投保薪資不得低於投保薪資分級表第一級之規定；投保薪資分級表第一級有修正時，由保險人逕予調整。

第二十九條　保險人每月按投保單位申報之被保險人投保薪資金額，分別計算應繳之保險費，按期繕具載有計算說明之保險費繳款單，於次月二十五日前分發投保單位繳納。

第三十條　投保單位接到保險人所寄載有計算說明之保險費繳款單後，應於繳納期限內依保險人指定之方式向金融機構繳

納，並領回收據聯作爲繳納保險費之憑證。

前項繳款單於保險人寄發之當月底仍未收到者，投保單位應於五日內通知保險人補發或上網下載繳款單，並於寬限期間十五日內繳納。

第三十一條　投保單位對於載有計算說明之保險費繳款單所載金額有異議，應先照額繳納後，再向保險人提出異議理由，經保險人查明錯誤後，於計算次月份保險費時一併結算。

第三十二條　投保單位或被保險人因欠繳保險費及滯納金，經保險人依本條例第十七條第三項或第四項規定暫行拒絕給付者，暫行拒絕給付期間內之保險費仍應照計，被保險人應領之保險給付，俟欠費繳清後再補辦請領手續。

第三十三條　保險人計算投保單位應繳納之保險費、滯納金總額以 新臺幣 元爲單位，角以下四捨五入。

第三十四條　投保單位因故不及於本條例第十六條規定期限扣、收繳保險費時，應先行墊繳。

第三十五條　應徵召服兵役、留職停薪、因案停職或被羈押之被保險人繼續參加勞工保險期間，其保險費由投保單位負擔部分仍由投保單位負擔外，由本人負擔部分，有給與者於給與中扣繳；無給與者，由投保單位墊繳後向被保險人收回。

第三十六條　中央及直轄市政府依本條例第十五條規定，應補助之保險費，由保險人按月開具保險費繳款單，於次月底前送請中央及直轄市政府依規定撥付。

前項政府應補助之保險費，經保險人查明有差額時，應於核計下次保險費時一併結算。

第三十七條　各投保單位之雇主或負責人，依本條例第十六條第一項第一款規定扣繳被保險人負擔之保險費時，應註明於被保險人薪資單 （ 袋 ） 上或掣發收據。

第三十八條　投保單位應適用之職業災害保險行業別及費率，由保險人依據職業災害保險適用行業別及費率表之規定，依下列原則認定後以書面通知投保單位：

一、　同一行業別適用同一職業災害保險費率。

二、　同一投保單位適用同一職業災害保險費率，其營業項目包括多種行業時，適用其最主要或最具代表性事業之職業災害保險費率。

投保單位對前項行業別及費率有異議時，得於接獲通知之翌日起十五日內檢附必要證件或資料，向保險人申請複核。

各投保單位應適用之職業災害保險行業別及費率，經確

定後，非因改業不得要求調整。

第三十九條　投保單位依本條例第十七條第一項應繳滯納金者，由保險人核計應加徵之金額，通知其向指定金融機構繳納。

第四十條　本條例第六條第一項第七款、第八款及第八條第一項第四款規定之被保險人所屬之投保單位，得於金融機構設立勞工保險專戶，並轉知被保險人，以便被保險人繳納保險費。

前項被保險人之投保單位，於徵得被保險人或會員代表大會同意後，得一次預收三個月或六個月保險費，並掣發收據，按月彙繳保險人；其預收之保險費於未彙繳保險人以前，應於金融機構設立專戶儲存保管，所生孳息並以運用於本保險業務為限。

前項採行預收保險費之投保單位，得為主管及承辦業務人員辦理員工誠實信用保證保險。

第二項預收保險費之管理，應依據投保單位之財務處理相關規定辦理。

第四十一條　依本條例第十八條第一項規定得免繳被保險人負擔部分之保險費者，由保險人根據核發給付文件核計後，發給免繳保險費清單，在投保單位保險費總數內扣除之。

第四章　保險給付

第一節　通　則

第四十二條　投保單位應為所屬被保險人、受益人或支出殯葬費之人辦理請領保險給付手續，不得收取任何費用。

第四十三條　投保單位有歇業、解散、撤銷、廢止、受破產宣告或其他情事，未能為被保險人、受益人或支出殯葬費之人提出請領者，被保險人、受益人或支出殯葬費之人得自行請領。

依本條例第二十條規定請領保險給付時，得由被保險人、受益人或支出殯葬費之人自行請領。

第四十四條　本條例第十九條第二項所稱同時受僱於二個以上投保單位者，指同時依第六條第一項第一款至第五款、第八條第一項第一款及第二款規定於二個以上投保單位加保之被保險人。

本條例第十九條第三項所稱平均月投保薪資，依下列方式計算：

一、　年金給付及老年一次金給付：按被保險人加保期間最高六十個月之月投保薪資合計額除以六十計算。

二、　依本條例第五十八條第二項規定選擇一次請領老年給付：按被保險人退保之當月起最近三十六個月之月投保薪資合計額除以三十六計算。

三、　其他現金給付：按被保險人發生保險事故之當月起最近六個月之月投保薪資合計額除以六計算；參加保險未滿六個月者，按其實際投保年資之平均月投保薪資計算。

被保險人在同一月份有二個以上月投保薪資時，於計算保險給付時，除依本條例第十九條第二項規定合併計算者外，應以最高者為準，與其他各月份之月投保薪資平均計算。

第四十五條　本條例第十九條第四項所定保險年資未滿一年，依其實際加保月數按比例計算，以計算至小數第二位為止，小數第二位以下四捨五入。

第四十六條　依本條例第十九條第五項規定請領失蹤津貼者，應備下列書件：

一、　失蹤津貼申請書及給付收據。

二、　被保險人全戶戶籍謄本；受益人與被保險人非同一戶籍者，應同時提出各該戶籍謄本。

三、　災難報告書或其他相關事故證明。

失蹤津貼 **之** 受益人及順序，準用本條例第六十三條第一項及第六十五條第一項 、 第二項 規定。

失蹤津貼之受益人為未成年者，其所具之失蹤津貼申請書及給付收據，應由法定代理人簽名或蓋章。

失蹤津貼之受益人為被保險人之孫子女或兄弟、姊妹者，於請領時應檢附受被保險人扶養之相關證明文件。

第四十七條　受益人或支出殯葬費之人依本條例第十九條第六項規定領取死亡給付後，於被保險人死亡宣告被撤銷，並繳還所領死亡給付再參加勞工保險時，被保險人原有保險年資應予併計。

第四十八條　本條例以現金發給之保險給付，保險人算定後，逕匯入被保險人、受益人或支出殯葬費之人指定之本人金融機構帳戶，並通知其投保單位；其帳戶在國外者，手續費用由本人負擔。

第四十九條　被保險人、受益人或支出殯葬費之人申請現金給付手續完備經審查應予發給者，保險人應於收到申請書之日起十日內發給。但年金給付至遲應於次月底前發給。

第五十條　被保險人、受益人或支出殯葬費之人以郵寄方式向保險人提出請領保險給付者，以原寄郵局郵戳之日期爲準。

第五十一條　本條例第二十六條所稱故意犯罪行爲，以司法機關或軍事審判機關之確定判決爲準。

第五十二條　各項給付申請書、收據、診斷書及證明書，被保險人、投保單位、醫院、診所或領有執業執照之醫師、助產人員應依式填送。

第五十三條　請領各項保險給付之診斷書及出生證明書，除第六十八條、第六十九條另有規定外，應由醫院、診所或領有執業執照之醫師出具者，方爲有效。

出生證明書由領有執業執照之助產人員出具者，效力亦同。

第五十四條　依本條例規定請領各項保險給付，所檢附之文件爲我國政府機關以外製作者，應經下列單位驗證：

　　一、　於國外製作者，應經我國駐外使領館、代表處、辦事處或其他外交部授權機構驗證；其在國內由外國駐臺使領館或授權機構製作者，應經外交部複驗。

　　二、　於大陸地區製作者，應經行政院設立或指定機構或委託之民間團體驗證。

　　三、　於香港或澳門製作者，應經行政院於香港或澳門設立或指定機構或委託之民間團體驗證。

前項文件爲外文者，應檢附經前項各款所列單位驗證或國內公證人認證之中文譯本。

第五十五條　保險給付金額以新臺幣元爲單位，角以下四捨五入。

第二節　生育給付

第五十六條　依本條例第三十一條規定請領生育給付者，應備下列書件：

　　一、　生育給付申請書及給付收據。

二、 嬰兒出生證明書或載有生母姓名及嬰兒出生年月日之戶籍謄本。但死產者，爲醫院、診所或領有執業執照之醫師、助產人員所出具之死產證明書。

第三節　傷病給付

第五十七條　依本條例第三十三條或第三十四條規定請領傷病給付者，應備下列書件：
一、 傷病給付申請書及給付收據。
二、 傷病診斷書。其爲住院者，得以應診醫院開具載有傷病名稱及入出院日期之證明文件代替。
罹患塵肺症，初次請領職業病補償費時，並應附送塵肺症診斷書、粉塵作業職歷報告書及相關影像圖片。但經保險人核定以塵肺症住院有案者，得免再附送。

第五十八條　被保險人請領傷病給付，以每滿十五日爲一期，於期末之翌日起請領；未滿十五日者，以普通傷病出院或職業傷病治療終止之翌日起請領。

第四節　職業災害保險醫療給付

第五十九條　保險人辦理職業災害保險醫療給付，得經中央主管機關核准，委託中央健康保險局辦理。其委託契約書由保險人會同中央健康保險局擬訂，報請中央主管機關會同中央衛生主管機關核定。
保險人依前項規定委託中央健康保險局辦理職業災害保險醫療給付時，被保險人遭遇職業傷害或罹患職業病應向全民健康保險特約醫院或診所申請診療。除本條例及本細則另有規定外，保險人支付之醫療費用，準用全民健康保險有關規定辦理。

第六十條　被保險人申請職業傷病門診診療或住院診療時，應繳交投保單位出具之職業傷病門診就診單或住院申請書，並繳驗全民健康保險卡及國民身分證或其他足資證明身分之證件。未提具或不符者，全民健康保險特約醫院或診所應拒絕其以被保險人身分掛號診療。

第六十一條　被保險人因尙未領得職業傷病門診就診單或住院申請書或全民健康保險卡或因緊急傷病就醫，致未能繳交或繳驗該等證件時，應檢具身分證明文件，聲明具有勞保身分，辦

理掛號就診，全民健康保險特約醫院或診所應先行提供醫療服務，收取保險醫療費用並掣給單據，被保險人於就醫之日起七日內（不含例假日）補送證件者，全民健康保險特約醫院或診所應退還所收取之保險醫療費用。

第六十二條　因不可歸責於被保險人之事由，未能依前條規定於就醫之日起七日內補送證件者，被保險人得於門診治療當日或出院之日起六個月內，檢附職業傷病門診就診單或住院申請書及全民健康保險特約醫院或診所開具之醫療費用單據，向中央健康保險局轄區分局申請核退醫療費用。

第六十三條　全民健康保險特約醫院或診所接獲職業傷病門診就診單後，應附於被保險人病歷備查。其接獲職業傷病住院申請書者，應就申請書證明欄詳細填明於三日內遞送保險人審核。

前項住院申請經審定不符職業傷病者，應通知中央健康保險局、全民健康保險特約醫院或診所、投保單位及被保險人。

第六十四條　被保險人以同一傷病分次住院者，依本條例第四十三條第一項第四款給付之膳食費日數，應自其第一次住院之日起，每六個月合併計算。

前項膳食費支付數額，由中央主管機關會同中央衛生主管機關另定之。

第六十五條　投保單位出具之職業傷病住院申請書，因填報資料不全或錯誤或手續不全，經保險人通知限期補正二次而不補正，致保險人無法核付醫療給付者，保險人不予給付。

第六十六條　本條例第四十三條第一項第五款所稱之公保病房，於全民健康保險實施後，指全民健康保險之保險病房。

第六十七條　被保險人於本條例施行區域外遭遇職業傷病，必須於當地門診或住院診療者，得檢具其門診或住院診療之醫院、診所之證明文件及收費單據，於門診治療當日或出院之日起六個月內，由其所屬投保單位向中央健康保險局轄區分局申請核退其門診或住院診療費用。

前項門診或住院診療費用，保險人應核實給付。但申請費用高於其急診、門診治療當日或出院之日起前三個月全民健康保險給付特約醫學中心門診每人次、住院每人日平均費用標準者，其超過部分不予給付。

被保險人因緊急傷病至非全民健康保險特約醫院或診所就診時，其申請給付期限及保險人給付標準，準用全民健康保險緊急傷病自墊醫療費用核退辦法之規定。

第五節 失能給付

第六十八條　依本條例第五十三條或第五十四條規定請領失能給付者，
　　　　　　應備下列書件：
　　　　　　一、 失能給付申請書及給付收據。
　　　　　　二、 失能診斷書。
　　　　　　三、 經醫學檢查者，附檢查報告及相關影像圖片。
　　　　　　保險人審核失能給付，除得依本條例第五十六條規定指定
　　　　　　全民健康保險特約醫院或醫師複檢外，並得通知出具失能
　　　　　　診斷書之醫院或診所檢送相關檢查紀錄或診療病歷。

第六十九條　依本條例第五十三條或第五十四條規定請領失能給付者，
　　　　　　以全民健康保險特約醫院或診所診斷爲實際永久失能之當
　　　　　　日爲本條例第三十條所定得請領之日。
　　　　　　被保險人請求發給失能診斷證明書者，全民健康保險特約
　　　　　　醫院或診所應於出具失能診斷書後五日內逕寄保險人。

第七十條　　依本條例第五十三條第三項規定分別核計國民年金保險身
　　　　　　心障礙年金給付及本保險失能年金給付後，其合併數額爲
　　　　　　新臺幣四千元以上者，依合併數額發給；其合併數額不足
　　　　　　新臺幣四千元者，發給新臺幣四千元。

第七十一條　本條例第五十四條之二第一項第一款及第二款所定婚姻關
　　　　　　係存續一年以上，由申請之當日，往前連續推算之。

第七十二條　本條例第五十四條之二第一項第三款所稱在學者， 指具
　　　　　　有正式學籍，並就讀於公立學校、各級主管教育行政機關
　　　　　　核准立案之私立學校或符合教育部採認規定之國外學校。

第七十三條　依本條例第五十四條之二規定請領加發眷屬補助者，應備
　　　　　　下列書件：
　　　　　　一、 失能年金加發眷屬補助申請書及給付收據。
　　　　　　二、 被保險人全戶戶籍謄本；眷屬與被保險人非同一
　　　　　　　　 戶籍者，應同時提出各該戶籍謄本，並載明下列
　　　　　　　　 事項：
　　　　　　　　 （一）眷屬爲配偶時，戶籍謄本應載有結婚日
　　　　　　　　 期。
　　　　　　　　 （二）眷屬爲養子女時，戶籍謄本應載有收養及
　　　　　　　　 登記日期。
　　　　　　　　 三、 在學者，應檢附學費收據影本或在學證明，並應
　　　　　　　　 於每年九月底前，重新檢具相關證明送保險人查
　　　　　　　　 核，經查核符合條件者，應繼續發給至次年八月

底止。

四、　無謀生能力者，應檢附身心障礙手冊或證明，或
　　　受禁治產（監護）宣告之證明文件。

第七十四條　本條例第五十五條第一項所稱同一部位，指與失能種類部
　　　　　　位同一者。

第七十五條　依本條例第五十五條第二項規定按月發給失能年金給付金
　　　　　　額之百分之八十時，該金額不足新臺幣四千元者，按新臺
　　　　　　幣四千元發給；其有國民年金保險年資者，並準用第七十
　　　　　　條規定。

第七十六條　被保險人經保險人依本條例第五十七條規定逕予退保者，
　　　　　　其退保日期以全民健康保險特約醫院或診所診斷為實際永
　　　　　　久失能之當日為準。

第六節　老年給付

第七十七條　本條例第五十八條第二項第三款所稱在同一投保單位參加
　　　　　　保險，指下列情形之一者：

一、　被保險人在有隸屬關係之雇主、機構或團體內加
　　　保。

二、　被保險人在依法令規定合併、分割、轉讓或改組
　　　前後之雇主、機構或團體加保。

三、　被保險人在依公營事業移轉民營條例規定移轉民
　　　營前後之雇主、機構或團體加保。

第七十八條　依本條例第五十八條規定請領老年給付者，應備下列書
　　　　　　件：

一、　老年給付申請書及給付收據。

二、　符合本條例第五十八條第二項第五款或第七項
　　　者，檢附工作證明文件。

未於國內設有戶籍者，除前項規定之書件外，並應檢附身
分證明相關文件。

第七十九條　依本條例第五十八條之二第一項規定請領展延老年年金給
　　　　　　付者，其延後請領之期間自符合請領老年年金給付之次月
　　　　　　起，核計至其提出申請之當月止。

依本條例第五十八條之二第二項規定請領減給老年年金給
付者，其提前請領之期間自提前申請之當月起，核計至其
符合老年年金給付所定請領年齡之前一月止。

前二項期間未滿一年者，依其實際月數按比例計算，並準

用第四十五條規定。

第七節　死亡給付

第八十條　　被保險人之父母、配偶或子女受死亡宣告者，以法院判決所確定死亡之時，爲本條例第六十二條之死亡時；其喪葬津貼給付金額之計算，依下列規定計算之：

　　　　一、　死亡時與判決時均在被保險人投保期間內者，以判決之當月起前六個月之平均月投保薪資爲準。

　　　　二、　死亡時在被保險人投保期間內，而判決時已退保者，以退保之當月起前六個月之平均月投保薪資爲準。

第八十一條　受益人或支出殯葬費之人請領死亡給付時，被保險人所屬投保單位未辦理退保手續者，由保險人逕予退保。

第八十二條　被保險人依本條例第六十二條規定請領喪葬津貼者，應備下列書件：

　　　　一、　喪葬津貼申請書及給付收據。

　　　　二、　死亡證明書、檢察官相驗屍體證明書或死亡宣告判決書。

　　　　三、　載有死亡日期之戶口名簿影本及被保險人身分證或戶口名簿影本；死者爲子女時，應檢附載有子女死亡日期之戶籍謄本，死者爲養子女時，應載有收養及登記日期。

第八十三條　依本條例第六十三條第二項第一款規定請領遺屬年金給付者，其婚姻關係存續一年以上之計算，由被保險人死亡之當日，往前連續推算之。

　　　　依本條例第六十三條第二項第二款及第四款規定請領遺屬年金給付者，其在學之認定，準用第七十二條規定。

第八十四條　依本條例第六十三條或第六十四條規定請領喪葬津貼者，應備下列書件：

　　　　一、　死亡給付申請書及給付收據。

　　　　二、　死亡證明書、檢察官相驗屍體證明書或死亡宣告判決書。

　　　　三、　載有死亡日期之全戶戶籍謄本。

　　　　四、　支出殯葬費之證明文件。但支出殯葬費之人爲當序受領遺屬年金或遺屬津貼者，得以切結書代替。

第八十五條　依本條例第六十三條、第六十三條之一或第六十四條規定
請領遺屬年金給付者，應備下列書件：
一、　死亡給付申請書及給付收據。
二、　死亡證明書、檢察官相驗屍體證明書或死亡宣告
判決書。
三、　載有死亡日期之全戶戶籍謄本。受益人為配偶
時，應載有結婚日期；受益人為養子女時，應載
有收養及登記日期。受益人與死者非同一戶籍
者，應同時提出各該戶籍謄本。
四、　在學者，應檢附學費收據影本或在學證明，並應
於每年九月底前，重新檢具相關證明送保險人查
核，經查核符合條件者，應繼續發給至次年八月
底止。
五、　無謀生能力者，應檢附身心障礙手冊或證明，或
受禁治產（監護）宣告之證明文件。
六、　受益人為孫子女或兄弟、姊妹者，應檢附受被保
險人扶養之相關證明文件。
第八十六條　依本條例第六十三條或第六十四條規定請領遺屬津貼者，
應備下列書件：
一、　死亡給付申請書及給付收據。
二、　死亡證明書、檢察官相驗屍體證明書或死亡宣告
判決書。
三、　載有死亡日期之全戶戶籍謄本，受益人為養子女
時，應載有收養及登記日期；受益人與死者非同
一戶籍者，應同時提出各該戶籍謄本。
四、　受益人為孫子女或兄弟、姊妹者，應檢附受被保
險人扶養之相關證明文件。
第八十七條　依本條例第六十三條之一第二項規定，選擇一次請領失能
給付扣除已領年金給付總額之差額者，應備下列書件：
一、　失能給付差額申請書及給付收據。
二、　前條第二款至第四款所定之文件。
受領前項差額給付之對象及順序，準用本條例第六十三
條第一項及第六十五條第一項、第二項規定。
前項同一順序遺屬有二人以上時，準用本條例第六十三
條之三第二項規定。
第八十八條　依本條例第六十三條之一第二項規定，選擇一次請領老年

給付扣除已領年金給付總額之差額者，應備下列書件：

一、　老年給付差額申請書及給付收據。

二、　第八十六條第二款至第四款所定之文件。

前條第二項及第三項規定，於前項請領差額給付者，準用之。

第八十九條　依前四條規定請領給付之受益人爲未成年者，其申請書及給付收據，應由法定代理人簽名或蓋章。

第九十條　本條例第六十三條之三第二項所稱未能協議，指各申請人未依保險人書面通知所載三十日內完成協議，並提出協議證明書者。

前項規定，於依第八十七條及第八十八條規定一次請領差額給付者，準用之。

第九十一條　同一順序遺屬有二人以上，並依本條例第六十三條之三第三項但書規定協議時，保險人得以書面通知請領人於三十日內完成協議，並由代表請領人提出協議證明書。屆期未能提出者，保險人得逕按遺屬年金發給，遺屬不得要求變更。

第九十二條　被保險人死亡，其受益人爲未成年且無法依第八十九條規定請領保險給付者，其所屬投保單位應即通知保險人，除喪葬津貼得依第八十四條規定辦理外，應由保險人計息存儲遺屬年金給付或遺屬津貼，俟其能請領時發給之。

第八節　年金給付之申請及核發

第九十三條　本條例第六十五條之一第二項所稱申請之當月，以原寄郵局郵戳或送交保險人之日期爲準。

第九十四條　依本條例規定請領年金給付，未於國內設有戶籍者，應檢附身分及相關證明文件，並應每年重新檢送保險人查核。

第九十五條　依本條例第五十四條之二第三項第一款、第二款及第六十三條之四第一款、第二款規定停止發給年金給付者，除配偶再婚外，於停止發給原因消滅後，請領人得重新向保險人提出申請，並由保險人依本條例第六十五條之一第二項規定發給；遺屬年金依本條例第六十五條之一第三項規定發給。

依本條例第五十四條之二第三項第三款、第四款及第六十三條之四第三款規定停止發給年金給付者，自政府機關媒體異動資料送保險人之當月起停止發給。

前項所定停止發給原因消滅後，請領人得檢具證明其停止發給原因消滅之文件向保險人申請，並由保險人依本條例第六十五條之一第二項規定發給；遺屬年金依本條例第六十五條之一第三項規定發給。

未依前項規定檢附證明文件向保險人申請者，自政府機關媒體異動資料送保險人之當月起恢復發給。

第九十六條　本條例第六十五條之四所定消費者物價指數累計成長率，以中央主計機關發布之消費者物價指數年度年增率累計計算。

本條例 中華民國九十七年七月十七日 修正之條文施行第二年起，前項消費者物價指數累計年增率達正負百分之五時，保險人應於當年五月底前報請中央主管機關核定公告，並自當年五月開始調整年金給付金額。

前項年金給付金額調整之對象，指該調整年度前已依本條例第六十五條之一規定請領年金給付，並經保險人審核符合請領規定者。

第二項所定之消費者物價指數累計年增率達百分之五後，保險人應自翌年開始重新起算。

第九十七條　依本條例第五十三條第三項及第七十四條之二第二項規定併計國民年金保險年資時，被保險人於其未繳清國民年金法規定之保險費及利息，並依該法規定暫行拒絕給付之年資不得併計。

第五章　經費

第九十八條　本條例第六十八條所稱之經費，包括辦理保險業務所需人事、事務等一切費用。

第九十八條之一

勞工因雇主違反本條例所定應辦理加保或投保薪資以多報少等規定，致影響其保險給付所提起之訴訟，得向中央主管機關申請扶助。

前項扶助業務，中央主管機關得委託民間團體辦理。

第六章　附　則

第九十九條　本細則自 中華民國九十八年一月一日 施行。

本細則修正條文，自發布日施行。